外国人眼中的中国

衣 食

住 行

在中国

China's Metamorphosis: 35 Global Perspectives

主　编：姜丽萍
副主编：乐　琦

北京语言大学出版社
BEIJING LANGUAGE AND CULTURE UNIVERSITY PRESS

目录

从"中国李宁"到"世界李宁"

［中国］李玲
"90 后"，硕士研究生

［美国］申一鸣
"80 后"，在华工作人员

李　玲： 一鸣，你好！我经常收看《快乐汉语》节目，你在节目中妙语连珠，让人印象深刻！

申一鸣： 谢谢你的鼓励，我会继续努力。你名字的发音和中国体操王子李宁的发音很相似啊。

李　玲： 是啊。你知道吗？他还经营一家以自己名字命名的体育用品公司。

申一鸣： 我知道，"中国李宁"在去年纽约时装周和巴黎时装周上的亮相一鸣惊人，打破了我对中国运动品牌的看法。经典的红白搭

配还有“番茄炒蛋色”让人眼前一亮，“中国李宁”四个字高调地印在T恤、卫衣、夹克和手袋上，让我这个汉字迷一见钟情！

李　玲：李宁在奥运会夺冠的瞬间还被作为印花元素运用在了服装设计中，真是既复古又时尚。

申一鸣：我最喜欢“悟道”这个系列，它的名字真是酷极了，让我想起了老子的《道德经》，“一生二，二生三，三生万物”，很有中国风。悟道2Ace现在是“一鞋难求”啊，我的好多美国朋友还让我给他们代购呢！

李　玲：一鸣你知道吗？“李宁”这个原汁原味的“老字号”中国运动品牌能够获得今天的成绩并不是一帆风顺的，它也经历过长时间的低谷时期。1989年，李宁创造了运动品牌“李宁”，到2008年北京奥运会时，品牌达到了巅峰。但2011年公司开始走下坡路，2012年到2014年，公司巨额亏损。此后李宁亲自出马，大刀阔斧地进行了一系列的改革，直到2018年才打了个漂亮的翻身仗。五年来，它用自己的实际行动证明了它的广告词——“一切皆有可能”。

申一鸣：“一切皆有可能”，真是振奋人心！听你介绍了这么多，我更喜爱“李宁”这个品牌了。它向世界展示的不仅仅是大胆时尚的设计风格，更是一种中国精神。其实现在安踏、回力、特步等中国运动品牌在国外也十分受欢迎。我看到越来越多的中国企业正在走向世界。

李　玲：我们都为中国品牌感到骄傲。

申一鸣：希望更多的企业可以像“中国李宁”一样，凭借自身对品牌的理解，不断创新，走出自己的星光大道。

花样旗袍

[印度尼西亚] 陈衍宏
“90 后”，在华本科留学生

[吉尔吉斯斯坦] 欧姬娜
“90 后”，在华硕士留学生

[西班牙] 安旖旎
“90 后”，在华硕士留学生

[泰国] 令仪
“80 后”，在华硕士留学生

[越南] 黎氏美莉
“80 后”，在华硕士留学生

陈衍宏

我是印尼华人，我至今对第一次看到旗袍的场景记忆犹新。那是2003年，我在电视剧《情深深 雨蒙蒙》中看到赵薇唱《离别的车站》，她穿着红色的旗袍，非常惊艳，浓浓的“中国味”扑面而来，我惊诧于穿旗袍的中国女生的美。与旗袍的再一次相遇是2009年看电影《木乃伊3》，有欧美女演员穿着旗袍演戏的场景，没想到欧美人穿上旗袍也有不同寻常的韵味。

2015年我到中国留学后，与旗袍的接触就更频繁了，从老师给我们读的小说《永远的尹雪艳》到电影《花样年华》，都涉及旗袍主题。学校举行活动的时候，很多中国老师和学生也会穿上优雅的旗袍出席。我们学院有一位老师特别喜欢穿旗袍，大家送给她一个雅号——“旗袍皇后”。印象中她几乎一年四季都穿旗袍，不同的颜色，不同的款式，我们每次课前都非常期待，猜老师会穿哪件旗袍。

欧姬娜

我觉得旗袍展现了美丽、优雅、精致的中国女人形象，旗袍赢得了各国设计师的青睐，成为许多设计师的灵感来源。一些世界著名品牌，如范思哲、迪奥、拉尔夫·劳伦等，都在他们的设计中使用过旗袍元素。中国传统元素让现代服饰更具韵味，也印证了那句话：“越是民族的，越是世界的。”

很多外国人来中国后都喜欢尝试穿旗袍，我也不例外。于是，我去了一家精致的旗袍专卖店。老板娘穿着一身墨绿色、丝绒质地的旗袍，下摆处有金丝线绣的花卉图案。她挽着发髻，看起来雍容华贵。我想象着自己穿上旗袍也应该会那么迷人，可惜试了好几件都找不到旗袍应有的感觉。老板娘说：“旗袍可能更适合成熟的女性，等过几年

你再来买吧。"同伴们都笑了起来。虽然我未能买到心仪的旗袍，但从老板娘那里学到了很多旗袍的知识，拍了许多漂亮的旗袍照片，也算不虚此行了。

安旖旎

我刚来中国的时候，在一次学校组织的狂欢节上，看到几个中国女孩儿穿着红色的旗袍，很贴身，显得玲珑而性感。她们梳着发髻，又小又圆，像包子一样贴在头上，发髻上还插着漂亮的发簪。当时我以为旗袍只是一种演出服装。

后来上了中国文化课，老师给我们介绍了旗袍的知识，我才知道旗袍不是演出服，它是中国女性的传统服装，在街上经常会看到中国女人穿着旗袍的美丽身影。旗袍符合中国女性的身材特点和气质，可以很好地表现出东方女性的端庄典雅，隐含着中国女性的含蓄、古朴、精巧之美。

令仪

记得我小时候，我们全家都会在晚饭后一起看中国电视节目，我最喜欢看的一部电视剧是关于一位中国皇帝和他的孩子的故事。主角是一个可爱活泼还很勇敢的女孩儿，为了帮助朋友，她假装公主代替真的公主进了皇宫，发生了许多好玩儿的事。来中国后我才知道那部电视剧是《还珠格格》。

在《还珠格格》里，我最喜欢公主们的服装，她们的服装很特别，衣身宽大，长度到脚，领高而圆，线条平直，上面有各色的花样。公主们头上戴着旗头，这个旗头让我觉得很特别，有的是大花，有的是小花，我想那应该是用来区分地位不同的公主的。还是小女孩儿的我特别想穿这种衣服，觉得穿上了自己就是公主，可是泰国没有卖这种衣服的地方，所以我只能把它画出来。长大以后来中国学习，我才知道其实那是清代满族女人穿的服装。

说到现在的旗袍，我觉得也很美。每次放假回国，我都会带上一两件新旗袍，有纯色的，有绣花的。闺蜜们一听说我回来了就会兴致勃勃地到我家试穿旗袍，上演我们自己的花样年华。

黎氏美莉

旗袍是充满灵性的创造。记得有一位中国老师和我们说过，她在国外的时候非常喜欢穿旗袍，因为她觉得旗袍就是中国女人的名片，穿旗袍的女人能自然而然地流露出优雅、温柔的气质。她回国后发现中国国内穿旗袍的人也越来越多，但其实旗袍的美远远没有得到充分的展示，仍待挖掘。

老师的话激发了我对旗袍的兴趣，我发现中国的旗袍和越南的奥黛有许多相似之处。它们都很修身，使身体显得高挑、修长，可以很好地展现出东方女性的人体美，代表着东方人对人体曲线美的理解。也许旗袍文化和奥黛文化之间也存在着一定的联系吧。

我喜欢中国功夫服装

［吉尔吉斯斯坦］马克
“90 后”，在华硕士留学生

我很喜欢看电影，成龙是我最喜欢的演员之一，我认为不止我一个人喜欢他。如果在吉尔吉斯斯坦的街头随便问一个人，他们小时候最喜欢谁的表演，可能大家提到的电影明星里都会有成龙的名字；如果再接着问他们最喜欢的幽默功夫演员是谁，最著名的亚洲演员是谁，我敢肯定，他们的回答一定是成龙。我想不仅仅是在吉尔吉斯斯坦，在不同国家进行这样的采访，也许结果都是一样的。成龙的功夫电影不仅中国人喜欢，更是获得了全世界的关注和认可。

我每年都会看奥斯卡颁奖典礼，记得 2016 年成龙获得了奥斯卡终

身成就奖。他获奖我并不惊讶，我惊讶的是他的穿着。我当时很纳闷：成龙出席颁奖典礼为什么会穿得像教堂里的修女呢？正巧那个时候我在参加汉语培训，于是就向老师请教。老师听后哈哈大笑，她告诉我，那不是修女服，是中国传统的大褂，也叫中式长衫。这是我第一次听到“长衫”这个名词。于是我马上上网查了相关的资料，发现成龙确实喜欢穿传统的中式服装出席电影节和颁奖礼，所以在奥斯卡典礼上他选择穿中式长衫也不足为奇了。我想他是希望通过这些具有浓郁中国风的服装向世界传递一个声音：我是中国人！

成龙的电影不仅让全世界的人了解了中国功夫的独特，也让人感受到了功夫服装的魅力。因为成龙在他的电影里经常会穿着中国的功夫服装来展示完美的功夫，特别是他的老电影，如《龙拳》《新精武门》等。成龙那一身轻巧飘逸的服装和矫健的身手令人久久难忘，拥有一套成龙同款服饰就成了我的梦想。功夫服装最常用的面料是丝绸和棉。因为要便于习武者舒展拳脚，所以都比较宽松。丝绸的光滑和轻柔，棉的质朴与松软，似乎可以与人融为一体，伴随着功夫的一招一式，显示出一份行云流水的自然与舒畅。

出于对成龙电影的迷恋，我常常憧憬着自己穿上功夫服装后也能变身武林高手。到中国留学后，我发现在学校图书馆前的广场上，有一位老师带着一群人穿着白色的练功服练太极拳，其中也有留学生的面孔。于是我也跟着拜师学艺，加入了练功的队伍，实现了多年的梦想。在练太极拳的日子里，我慢慢地知道了立领、盘扣、对襟这些中国传统服饰典型的设计元素，也了解了中国服装对颜色的讲究——在中国文化中会用不同的颜色来表达不同的意义。其中，以白色和黑色的练功服最为常见，白色代表自然和宁静，黑色表示神秘和智慧。每天早上练功的时候，我们穿着同色的练功服，队列整齐，动作舒缓，每个人都凝神静气。清晨的霞光映照着我们的身影，在一动一静、一吐一纳之间，我慢慢品味着中国式的刚柔相济与灵动和谐。

我认为多亏成龙的爱国之心和表演天赋，让我们有机会感受中国功夫的独特魅力。他凭借自己的执着与奋斗，把中国功夫演“活”了。很多外国人就是因为喜欢成龙，然后开始喜欢中国功夫，进而接触和学习中国文化的。我觉得带着中国功夫走向世界的成龙，将会成为中国文化和全球化进程中鲜活的一笔，而与之相伴的功夫服装，也将愈发彰显出特有的东方意蕴。

我想要一套成龙的同款服装

[埃及] 大伟
“90后”，在华留学生

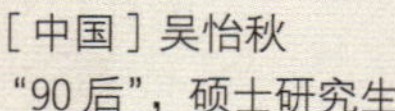

[中国] 吴怡秋
“90后”，硕士研究生

吴怡秋：你好，大伟！我在《快乐汉语》里看到了你，听说你还在“今日头条”实习，你在中国的生活真是太精彩了！

大　伟：谢谢怡秋，不过实际上我还没有实现我的梦想。

吴怡秋：你的梦想是什么？

大　伟：我非常想见见我的偶像成龙。他在埃及、在非洲，甚至在全世界都非常有名，以成龙为代表的中国功夫电影在东西方世界有着巨大的影响力。

吴怡秋：我也非常喜欢成龙大哥。你是怎么知道成龙的呢？

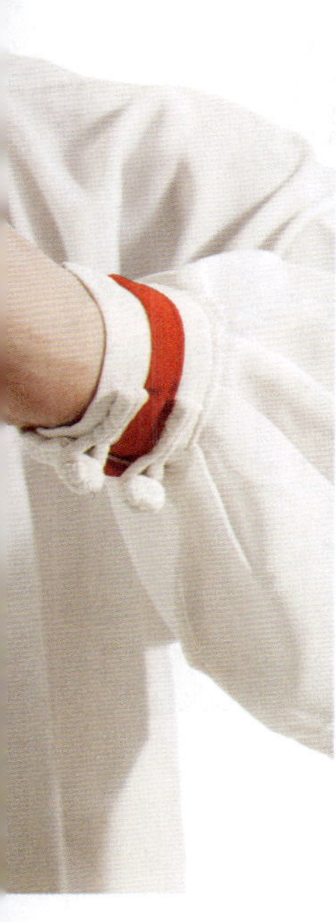

大　伟：第一次认识成龙是通过电影《醉拳》，这部电影没有精美的布景，没有靓丽的演员，但是成龙似醉非醉的招式深深吸引了我。他那白色汗衫加蓝色练功裤的形象给我留下了深刻的印象，当时我就想着一定要去中国看看。这也是我参加“汉语桥”比赛的初衷，当然，后来获得埃及“汉语桥”冠军是后话了。但那时，在我心中，中国就是一个武林，聚集着许多英雄，而成龙就是其中武功最高强的一位。为了更加贴近我的偶像，我买了白色的汗衫加蓝色的练功裤，就等着能有展示它的场合。

吴怡秋：那身衣服你还留着吗？不过日常生活中中国人不会穿这种服装。

大　伟：是啊，日常生活中中国人衣着风格多元且时尚，路上偶尔还会看到穿着汉服的小姑娘。这里的人们也并不是都会武功，但是走在大街上，看到周围的中国人，我的脑海中还是会浮现出成龙大哥电影中的中国侠义之情。

吴怡秋：成龙大哥还获得了奥斯卡终身成就奖。

大　伟：对，我还记得成龙大哥出席奥斯卡颁奖礼的时候，身穿中式长衫，为世界带来浓浓中国风。在发表获奖感言时，他说：“我很自豪做一个中国人。”

吴怡秋：作为中国人的我们，同样以成龙大哥为骄傲。

大　伟：作为在国际上最有影响力的华人明星之一，成龙到哪儿都不忘穿上带有中国元素的服装。我们喜欢成龙大哥的电影，喜欢他的侠义豪情，喜欢他的中国风，也非常喜欢他的着装风格。我来中国以后，特地在网上订购了一套成龙同款服装。现在，我已经有两套成龙同款衣服了，一套是他《醉拳》中的经典服装，一套是他生活中的中国风服装。如果有机会见到成龙，我一定要拿着之前那件白色汗衫跟成龙合影。这样我就可以告诉小时候的自己：“你的梦想实现了！”

甜蜜蜜，你笑得甜蜜蜜

[韩国] 黄兰雅
“80后”，在华博士研究生

甜蜜蜜，
你笑得甜蜜蜜。
就像花儿开在春风里，
开在春风里。
……

小时候，妈妈常常在家里哼唱这首中文歌，她告诉我，这是中国最流行的一首歌曲，在韩国也很受欢迎。每当听到这首歌，我的嘴角就不由自主地上扬，有一种“甜蜜蜜”的感觉。我期待着有一天到中

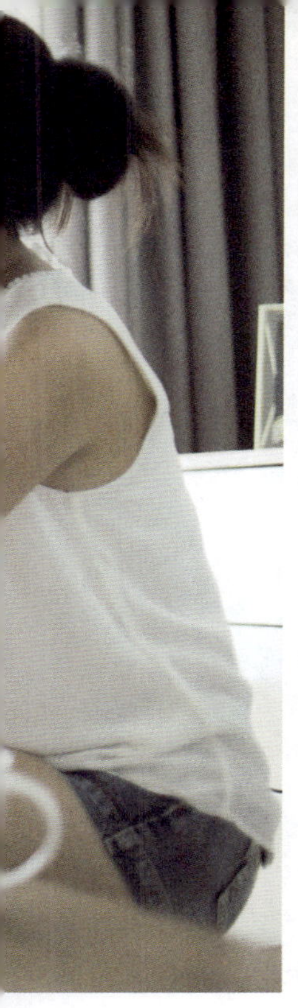

国去，近距离感受这个“甜蜜蜜”的国度。

1999 年，我 12 岁，那时候听说中国的年轻人非常喜欢韩国的时尚，把韩国的时尚称为“韩流”。与此同时，中国香港电影也走进韩国，在韩国很是火了一把，给我印象最深的是电影《甜蜜蜜》。伴随着那首熟悉的歌曲《甜蜜蜜》，中国影星张曼玉的笑容定格在我的心中。从清纯面容到艳丽装束，张曼玉的银幕形象变化很大，但给我的感觉始终是甜蜜蜜的。她扮演的李翘坐在黎小军（黎明饰）的自行车后座上，微风拂面，露出甜美的笑容，那一幕一直深深印在我心里。她的笑脸是我感知到的第一位中国女性的面容，也是这张笑脸，坚定了我对中国最初的向往。

2007 年，我第一次来中国留学，漫步在校园中，我真切感受到了中国年轻学子的青春与朝气。我发现，这里的大学女生很少化妆，素净面庞中带着希望，富有中国年轻女孩子特有的纯真与甜美。而我们韩国女留学生当然不会素面朝天，我们对于面容与服饰追求完美，妆容也非常精致，走在校园里，回头率很高，大家一眼就能看出我们是韩国人。记得那年冬天，我穿着裙子在公交站等车，一位中国阿姨用奇怪的眼神看着我，关切地问：“姑娘，你冷不冷？”在她眼里，我可能是那个冬天北京城里穿得最少的人！记得那时候，还有一位中国同学告诉我，他发现，只有韩国男生才一年四季戴着棒球帽，他觉得不可思议。我告诉他，在我们韩国人看来，这其实是一种时尚，跟实用无关。中国人有句话：“人靠衣装马靠鞍。”我们韩国也有一句话：“服饰是人的双翼。”

2017 年，我重返中国，以外教的身份走进曾经留学的母校。我发现，平时戴不戴帽子、在校内化不化妆、冬天穿多少，都不再是分辨中韩青年的标准了。我的中国学生告诉我，他们几乎都有去国外旅游

和交换留学的经历，因为“读万卷书，行万里路”。我看到了他们的自信与时尚，看到了他们笑容中的个性和光彩。

2019 年，我又一次来到中国，走进心仪的大学，攻读“孔子新汉学计划”博士。看着校园中中国青年的青春面容和多彩装束，我满心欢喜。1986 年《甜蜜蜜》中李翘纯真的笑容、年轻姑娘们自信而有活力的笑容、跳广场舞的阿姨们幸福满足的笑容，在我脑海中一一浮现，这是怎样的中国和怎样的北京呢？中国人、外国人，北京人、外地人，历史中的人、现代的人，对当下的满足、对未来的期许，多种生活方式和追求在富有现代感的都市里交相辉映……这一切，让我的脑海中再次响起那首优美的《甜蜜蜜》：

在哪里，在哪里见过你，
你的笑容这样熟悉，
我一时想不起。
……
啊！在梦里。

你喝茶还是喝咖啡？

[加拿大] 王思思
“2015年中华小姐环球大赛”美洲赛区总冠军，加拿大“温哥华华裔小姐竞选2016”冠军

我妈妈是四川成都人，我出生在加拿大。今年假期我去了妈妈的老家，爱上了喝茶。一到外婆家，外婆就给我端来一杯热茶，我当时很感动。在外婆家我品尝到了各式各样的茶，红茶、黑茶、茉莉花茶，我都很喜欢。成都有句老话，“天上日头少，眼前茶馆多”。一碗茶、一桌麻将、一群老友、一场闲谈就是成都街头的缩影，实在是太安逸了！各式各样的茶铺、茶楼、茶坊为忙碌奔波的现代人提供了一个休

闲的场所。我很喜欢成都，也很欣赏成都人的生活方式。

我是喝咖啡长大的，我爸爸来自哥伦比亚，一个盛产优质咖啡的地方，喝咖啡是哥伦比亚人日常生活的一部分。现在有很多中国年轻人喝咖啡，而且中国有很多咖啡店，我去过一些，咖啡味道非常纯正。而且我去云南旅游的时候有了新发现：云南普洱市不仅种茶树，还种咖啡！有很多国际大品牌都在那里建立了种植咖啡的基地。

中国是一个崇尚茶文化、喜欢喝茶的国度。无论是我北京的朋友还是上海的朋友，他们家里都放着茶具，一直保留着中国人喝茶的传统。我之前在温哥华还参加过一次茶艺课，那是一个华人举办的，吸引了不少对茶感兴趣的人。我觉得茶是中国文化的象征，无论一个中国人走到哪里，他都会以茶作为待客的饮品，而无论中国发展得多快，每个中国家庭都会保留喝茶的习惯。

都说“西方咖啡中国茶”，国与国之间的交流日益频繁，咖啡和茶也跨越了国度，在交流中日渐融合了。

我爸爸 1992 年到中国学中医，那时候的中国咖啡店并不常见，品种也很少。与那时的中国相比，现在的咖啡店多了很多，而且可以找到世界各地的名品咖啡。喝咖啡还是茶，人们可以根据自己的喜好进行选择。有趣的是，中国的年轻人喜欢上了喝咖啡，而我和我爸爸喜欢上了喝茶。

素菜馆里的“红烧肉”

[泰国] 林耀南
“80后”，泰国三胜中学汉语教师

我从小到大都不喜欢吃蔬菜，只要吃到一点儿就要吐出来。我觉得蔬菜是很可怕的食物，它们又苦又难吃，咬一口都让我觉得难受。我的亲人和朋友们都劝我多吃蔬菜，少吃肉，因为蔬菜虽然难吃，却有营养，但我无论如何还是吃不下去。后来有人告诉我，中国的厨师可以把蔬菜做成肉的味道。可是这怎么可能呢？蔬菜和肉的味道明明差了十万八千里呀！

有一次，我跟父母去海南旅游，导游带我们去拜南海观音。在那个寺庙里有一个特别有名的素菜馆，导游说他们的菜很好吃，虽然都

是用蔬菜做的，但吃起来却是肉的味道，如果闭着眼睛吃的话，根本不知道自己吃的其实是蔬菜。我迫不及待地想要尝尝看，心想，这下子终于有机会知道之前的传言是真是假了！第一盘菜上来了，我一看这是红烧牛肉啊！我咬了一口，还是觉得这个菜是肉，是色、香、味俱全的红烧牛肉。这时导游介绍说，这盘“红烧牛肉”其实是用魔芋做出来的，因为魔芋的口感与肉无异，厨师们经过一道道复杂的工艺最终才做成这种红烧牛肉的样子。这真的太不可思议了！第二盘是素丸子，没想到是用豆干、冬瓜、面粉做出来的！第三盘菜是素鸡，它是用油豆皮做出来的。导游说这道菜是佛教文化和饮食文化的有机结合，它的制作工艺流传至今已经有1500多年的历史了。我真的是太佩服素菜馆的厨师了，他们竟然可以把蔬菜、豆制品等做成各种各样的肉的味道，让我大饱口福，大开眼界！

从那天起，我知道了蔬菜也是很好吃的食物。素菜馆展现了自然、健康的生活理念和中国厨师高超的烹饪技巧。这种素菜对烹调技术的要求要比普通菜高得多。这是多么伟大的发明啊！让我这种不吃蔬菜的人也爱上了吃蔬菜，我的亲人、朋友们再也不用担心我的健康了。早就听说中国的美食文化博大精深，源远流长，来过素菜馆之后我更加深刻地体会到了中国菜的奥妙。在古代，中国人就可以凭借自己的智慧创造出多种多样的食品制作方式。现在他们不仅继承了古代中国的食品制作工艺，还在原来的基础上加以改革创新，制作出更多、更好吃、更健康的中国美食，我想这也是中国美食文化一直被全世界人民喜爱的原因吧！中国人讲究“民以食为天”，每一道菜都体现了中国人民的集体力量和智慧。我觉得来中国留学的国际友人可以一边品尝中国的美食，一边学习中国的历史文化，了解每道佳肴的传奇来历。

幸福的“吃货”

[阿塞拜疆] 布桑
“80后”，在华博士研究生

虽然我是阿塞拜疆人，但我生在哈萨克斯坦，长在哈萨克斯坦。小时候，父母带我去过俄罗斯、土库曼斯坦、乌克兰、格鲁吉亚、土耳其，还有很多地方，走到哪儿，吃到哪儿，每到一处，我都会品尝当地的美食。直到我来到中国，才发现中国菜的奥妙简直超出了所有人的想象，我成了一个幸福的“吃货”。

我还记得，刚到中国的时候，和同学们一起出去吃饭。到了餐厅，服务员推荐我们吃“火山飘雪”。后来一问才知道，这道菜是糖拌西红柿，犹如火山飘雪，名字起得真有意境。还有“绝代双椒”，其实

是青椒炒红椒。与其他国家比，在中国，餐桌旁的时光最有趣。卤牛肚、大盘鸡、羊肉泡馍、陕西凉皮、麻辣牛肉、牛肉包子……数也数不清，说也说不完，越吃越有味儿，越吃越想吃。最奇特的是，在中国，我无论吃啥都不会发胖，一放假回到阿塞拜疆，即使很注意，体重也会噌噌地往上长！这是为什么呢？我百思不得其解。后来想，这大概是因为在中国，饭前饭后都喝茶吧。很多餐馆等餐的时候，要先上一壶茶，茶文化是中国饮食文化的一部分，茶能加快体内脂肪的分解，经常喝茶有助于减肥。也许，中国人的健康秘诀就是喝茶。

我从来没有见过任何一个国家比中国更重视吃这件事。中国人打招呼，也跟外国人不一样。别人说的都是“你好吗”或者“早上好”，但中国人见面第一句话就是“吃了吗”。对于中国人来说，“吃”是一种文化，从语言习惯、生活习俗、历史文化等都能看出，中国人真的奉行“民以食为天”。在中国，什么事都爱用“吃”来描述，比如嫉妒别人叫“吃醋”，被别人告了叫“吃官司”，受到损失叫“吃亏”，受不了叫“吃不消”，人缘好叫“吃得开”，等等。

无论是谈生意、交朋友，还是跟家人聚会，中国人都会和大家一起分享美食。除了菜品本身味道好，中国人的乐于分享大概也是中餐在全球各地那么受欢迎的一个原因吧。

最"火辣"的中国女人

[乌克兰] 耶果
主持人、演员

[中国] 李玲
"90 后"，硕士研究生

李　玲： 耶果，好久不见！经常在朋友圈看到你晒美食的照片，真是让人垂涎三尺。

耶　果： 李玲，你好！你有所不知，我可是个十足的美食爱好者。

李　玲： 那我来考考你，你知道中国最"火辣"的女人是谁吗？

耶　果： 这可难不倒我，你说的一定是"老干妈"了！

李　玲： 对，就是"老干妈"。耶果，你吃过"老干妈"吗？

耶　果： 当然。我太太是中国人，我经常看到她从一个玻璃罐里取出一勺红色的酱料拌饭吃。有一次我好奇地尝了一口，你可以感受

到香辣可口的辣椒在你的舌尖绽放。我仿佛打开了一扇新世界的大门。油炸过的辣椒、大蒜、洋葱拌上花生、大豆，这样丰富的组合让“老干妈”有了无与伦比的口感，不断刺激你的味蕾。我想这也正是它的迷人之处。

李　玲：你说得我都馋了。我在网上看到许多外国朋友“脑洞大开”，用“老干妈”创作了许多中西合璧的美食，比如香草芝士“老干妈”、“老干妈”吐司面包，还有的朋友竟然用“老干妈”做甜点，在冰激凌上撒一勺鲜红的“老干妈”……真是让人大开眼界啊！

耶　果：听起来很诱人啊，我回家也要试试！脸书上还有一个“老干妈”爱好者的网页，来自世界各地的“老干妈”粉丝聚集在这里进行交流，他们交流最多的话题就是去哪一家华人超市才能买到正宗的“老干妈”。而且，“老干妈”在国外还登上了奢侈品折扣网。虽然“老干妈”在国外的价格并不便宜，但是一点儿都不影响我们购买“老干妈”的热情，我们都是“老干妈”的真爱粉！

李　玲：“老干妈”在去年还登上了纽约时装周，各种时尚单品上都印着“老干妈”的标志，别提多拉风了！

耶　果：我的中文老师曾经给我们讲过“老干妈”陶华碧的创业故事，我敬佩她脚踏实地、精益求精、诚信做事的品格，这应该就是中国人的“匠人精神”吧。

李　玲：耶果，你还吃过其他的“网红零食”吗？

耶　果：当然。中国还有很多出名的零食，像“卫龙”辣条、“小浣熊”干脆面，在国外也十分受欢迎。每次回家乡我都会给我的朋友带点儿。

李　玲：这些零食可是我们童年时眼中的“国粹”，陪伴着我们成长。如今，这些零食能够跨出国门，走向世界，我们也感到骄傲。

耶　果：中国的美食很多，吃也吃不过来！

中国十年

［美国］许慧敏
“90 后”，美国纽约大学营养学专业学生

第一次到北京的时候，我只有八岁。那是 2008 年 1 月，我走在蜿蜒的街道上，路过一家家餐馆，看着餐馆内外农历新年的装饰。

那年的冬天尤为寒冷干燥。尽管天气如此，但我依然记得去庙会时感受到的温暖与活力。北京的庙会，人山人海，我的耳边充斥着鞭炮声和鼓乐声，灯笼闪着红光，当然还有新鲜的冰糖葫芦散发出的香味儿，这一切都让人感到十分温暖。

冰糖葫芦是一种深受大家喜爱的街头小吃。对孩子来说，更是美味佳肴。它的做法是把山楂穿成串儿，然后裹上溶化的糖，稍凉，等

糖凝固，冰糖葫芦就做成了。我觉得北京的外表和冰糖葫芦一样甜美，然而我很快就发现这座城市甜美的外表下隐藏着不同的层次和深度。

那时我在来广营东路上学，这里的街道上到处都是各种小吃摊儿和饭馆。我记得有一家家庭饭馆，里面有很多大圆桌，供应家常菜。有一次，我们点了炸鳜鱼，上菜之后，整个空气里都弥漫着油炸的香气。街上还有一家小餐馆，那里的炒饼味道最好。学校对面有一家早餐铺，我早上会去那儿吃北方风味的小笼包、豆浆、油条和豆腐脑儿。每天早上人们进进出出地买早餐，有时老邻居们还会停下来闲聊一会儿，这些给这个社区增添了一种美妙的感觉。

过了几年，随着社区的改造和发展，周围的小饭馆也不断地翻新和更替。有一天，我发现我最喜欢的饺子馆关门了。我当时觉得很失望，因为那家店的饺子很特别，都是现做现卖的，皮薄馅大，非常新鲜，我最喜欢他们做的猪肉茴香馅儿饺子。后来，我们在改造后的社区周围找到了一家更好吃的饺子馆，它很快就成为我们家新的吃饭地点。

又过了几年，街道又进行新一轮整修，新开了一家烤串店和一个煎饼摊儿。煎饼里裹着薄脆，与常见的松软的煎饼不一样，还配有秘制梅子酱。老板早上还会从菜市场买来新鲜的绿色生菜，可以夹在煎饼里。和整个中国一样，餐馆和商店也在变化发展。现金付款不再

是唯一选择，也可以扫码支付。刚到北京时，我从来没有想到这个城市这些年会有如此巨大的变化，移动支付只是日常生活中的众多变化之一。

2016 年 5 月，我们高中举办了毕业典礼。典礼在浓缩儒家文化精髓的孔庙举行。我还记得典礼结束后，我们从孔庙走回家，一路吃着艾窝窝、驴打滚儿，现在回忆起来，那味道是多么的香甜，那些朋友的笑声是多么的爽朗，那初夏的阳光是多么的柔和。

离开生活了十年的城市有很多不习惯。现在，我生活在曼哈顿唐人街附近，这里汇集了来自中国各地的美食。作为一个营养学专业的学生，我对自己在成长过程中可以随意吃到的那些食物有了更深的认识。我觉得其他文化的食物在广度和深度上都无法与中国美食相比，也没有像中国美食那样传播到全世界。

对我来说，如果要把中国的发展归为一点，那最典型的就是我在来广营东路这个小小的区域里看到的变化和享受到的美食。作为一个小时候在中国生活的美国人，我的童年生活也可以这样来总结：中国在变化，周围的社区也在变化，我自己也随之成长。我很感谢这一段经历。

北京之“安”

[巴西]泰丝
在华留学生

[巴西]宝拉
在华留学生

在汉字中，“安”的本义是家里有一位贤惠的女子。而在我们巴西女孩儿的观念中，女性能否独自出门，是检验这个国家或城市是否安全的标准。

刚到北京时，我们还保持着警惕心。每次外出，我们都把手机放进包的最里层。但在大街小巷，我们看到很多中国女孩儿都是一个人，而且手里还拿着手机，甚至在人挤人的公交车和地铁上也是如此。我们渐渐意识到，北京是个安全的城市。

在北京学习的这一年中，我们特别享受这儿自由、安全的氛围。

随着对中国的了解，我们了解到人们的安全感来自中国传统文化中“以和为贵”的思想，来自政府对法律、法规有效、公正的执行。

一旦出现问题，中国警察会立即采取行动，因此人们更加信任政府，也明白违反法律要付出代价。我们享受这儿自在又安全的生活，但是我们也知道这种高质量的生活来之不易。我们听中国朋友说过：哪有什么岁月静好，不过是有人在替你负重前行。在这儿生活得越久，我们越能理解这句话。静好岁月的背后，有中国政府最有力的政策，有人民警察最有效的执行。

正是因为有北京的“安”，让我们不用在家做个安安静静的女子。我们可以一个人外出，无论白天还是夜晚；我们可以选择任何交通工具，无论是地铁还是共享单车。感谢北京的“安”，让我们成为可以走出“宀”(mián，房屋）的自由女子。

姜珊的“北京梦”

[刚果（布）] 姜珊
“90后”，在华留学生

2013年，我20岁。我认识了一位中国朋友，朋友的热情与善良让我希望了解中国这个遥远而有魅力的国度。我有一个梦想，就是有一天，到北京去，在北京的蓝天下，感受这个遥远国度的气息。

为了了解中国，实现我的“北京梦”，我来到恩古瓦比大学孔子学院，开始学习汉语。我们把这里简称为“恩孔院”——感恩孔子学院。“吃葡萄不吐葡萄皮，不吃葡萄倒吐葡萄皮。”虽然中文有点儿难，但是我有信心能学好。2016年，我的“北京梦”实现了。在北京，我去过不少名胜古迹，长城、故宫、天安门，还参观了鸟巢、水立方、中

国中央电视台新址。这些地方让我深深地感到：北京是一个历史与现代交融的城市，这里有世界上最伟大、最古老的建筑，也有世界上最时尚的建筑。

在北京，我还发现了一件很特别的事情。每天清晨，老人们都会成群结队地打太极拳；每天晚上，大妈们都会聚在一起跳广场舞。周末的早上，我会跟着老人们一起打太极拳，老人们告诉我，坚持下去可以强身健体、修身养性。而我更喜欢的是广场舞，晚上一看到老人们跳舞，我也会跟着她们扭动，就好像回到了我的祖国，和我的同胞们一起舞动起来。我觉得中国的老人可爱极了！

我是一个丢三落四的女孩儿，但是在北京，我从来不怕丢东西。每一次遇到突发情况，中国人都会向我伸出援助之手。有一次，我出去取快递，回来发现手机不见了。我赶紧焦急地用室友的电话拨打我的手机，电话那端传来温暖的北京话：“哎呀！你可想起来你的手机啦！我在这里等你来取！”还有一次，在公共汽车上，我睡着了，手机滑落到地上，一个阿姨把我叫醒：“嘿！姑娘，你的手机掉地上了！注意点儿啊！别坐过站了。”北京人很实在，值得信赖。

在北京，我感受到了她的传统与现代，每一天、每一分、每一秒，她都在进步！作为一个外国人，我最大的感受是：北京的外国人越来越多了，北京吸引着世界各国的青年人。有一天，我希望能成为两国人文交流的使者，讲述我在北京的故事，把北京人的友善、亲和与仁爱带回去。

老外的胡同儿情结

[泰国] 林耀南
"80 后"，泰国三胜
中学汉语教师

[日本] 何京盛
"90 后"，在华留学生

[埃及] 大伟
"90 后"，在华留学生

[塔吉克斯坦] 霆俊
"90 后"，在华留学生

林耀南： 师弟们好，很高兴又在北京见到你们！

大　伟： 耀南师兄，听说您这次是以泰国曼谷名校——三胜中学校方代表的身份来中国的？

霆　俊： 耀南师兄目前是三胜中学的中文教学负责人。

林耀南： 我这次是带着学生来北京游学的。我们泰方学校觉得，学生们在北京，可以触摸上千年的历史，可以与中国文明对话，也可以感受不同的世界风情，还可以拥抱最新的科技与人文。

大　伟： 是的，北京，每一天、每一分、每一秒，都能给我惊喜。

霆　俊： 我喜欢老北京的胡同儿，特别是后海一带，汇聚了世界各地的音乐爱好者，每天都演绎着动人的故事，还有北京的各种风味小吃……后海的一草一木，后海周围的胡同儿小巷，都让我感觉非常亲切。

何京盛： 随便走进一个胡同儿，很可能一转身就看到一个名人的故居。这就是北京的胡同儿，每一砖、每一瓦都承载着生动的历史，充满了不可思议！

大　伟： 这是一个有故事的城市。我平时喜欢围着南锣鼓巷的那些胡同儿转，那儿的每一个院落，似乎都曾经住着一个名人，隐藏着一段历史。比如，清朝末代皇帝的妻子婉容的娘家旧址，就在南锣鼓巷旁边的一个胡同儿里，如果不仔细看门前“婉容故居”四个字，根

本想不到！那儿还有很多贝勒府，青砖灰瓦的门前都挂上了“文物”字样。这里离紫禁城不远，用中国人的话来说，是风水宝地。

何京盛：有的明清故居在近现代的时候换了主人。比如林海音故居，就是清朝的晋江会馆。我和林海音一样，出生在东京，学习、生活在北京。在北京的生活，被她在《城南旧事》中描绘为“金色年代，可以和故宫的琉璃瓦互映”，我特别赞同。上周，我还去那儿了，我看到林海音笔下的三棵大槐树依然还在，枝叶参天，蓊蓊郁郁！走在故居门前的胡同儿里，我想象着自己正在与《城南旧事》中的英子一起经历着九十年前的北京：祥和而又热闹，长长的胡同儿，浓浓的树荫，浓浓的“京片子”……

林耀南：听师弟们说了这么多，我觉得我们此次举办泰国中学生北京游学活动太明智了。除了北京的胡同儿、故宫、天坛、长城这些历史遗迹，我还可以带学生感受现代的北京：地铁、共享单车、立交桥……历史人文与现代科技在这个国际大都市中交织融合，学生们可以感受到一个立体的、真实的、多元的北京！这个周末的游学第一站，我会带着学生们，一起去品味南锣鼓巷！

写给奶奶的一封信

[韩国]金替理
韩国国立韩巴大学在读研究生

亲爱的奶奶：

您在天堂过得好吗？我很想念您！九年了，您的笑容一直在我眼前，仿佛从未离开过。还记得您告诉过我，中国是一个古老而神秘的国度。带着对您的思念，我来到中国。

“清明时节雨纷纷，路上行人欲断魂。”今天，是中国的清明节，中国人会以扫墓、祭拜等形式纪念祖先。奶奶，如果有来生，我想带着您，和我一起逛逛北京。

北京的春天和爸爸一样，养花的能力极强！那一年，您拿回一盆

兰草，那盆植物有些枯萎，可在爸爸的精心照料下，那盆兰草竟一天比一天好！可以用一句诗形容北京的春天：“忽如一夜春风来，千树万树梨花开。”北京的春天，所有的植物都生机盎然，桃花、迎春花、杏花、梨花、樱花争奇斗艳，令人流连忘返。如果您想看樱花，我带您去玉渊潭公园。玉渊潭公园里的樱花家喻户晓，每年春天都会有樱花节，美极了！

北京的秋天好似小时候我和哥哥一起画的画儿。哥哥的画儿颜色丰富多彩，北京秋日的树叶亦是色彩缤纷。火红的枫叶、黄黄绿绿的银杏树叶、金色的杨树叶，一丛丛、一团团、一簇簇，像是亲密无间的朋友在说悄悄话。香山是北京秋日里赏红叶的绝佳去处。我想跟您一起踏着香山的落叶散步，听沙沙的响声，看五颜六色的叶海。

北京的冬天好像我们家里的清晨。小时候，我很害怕黑黑的长夜，经常跑到奶奶的房间央求与奶奶同睡。跟奶奶在一起，我感到安心、温暖。北京的冬夜也很长，还好，我认识了很多热心的中国朋友，他们给我带来了温暖。我生病的时候，他们带着我去医院；我在学习上遇到困难的时候，他们给我辅导功课；我不自信的时候，他们鼓励我；我想家的时候，他们会陪我聊天儿……这些都让我在北京的冬天感到了春天般的美好。奶奶，请您记住他们，并且在天堂里保护他们吧。

庄子说：“人生天地之间，若白驹之过隙，忽然而已。”我在北京生活不到一年，虽然短暂，却留下了绚烂的回忆。奶奶，我仍一直清楚地记得您的音容笑貌，清楚地记得您的话：“宝贝，你是我的骄傲！”正是因为您的这句话，我一直在努力，一定会让奶奶一直为我骄傲！

祝您在天堂一切安好！

爱您的孙女：替理

上海印象

[美国] 伊若玛
美国纽约大学政治学专业学生

2009 年，我的家人意识到，我们就要离开宁静的北卡罗来纳州教堂山，搬到喧嚣的上海。我的父母是尼日利亚移民，他们知道搬家将会给我和哥哥带来巨大的转变，于是他们给我们报了中国文化课，一位名叫维罗尼卡的善良女老师每周都会给我们讲在中国生活的注意事项。我和哥哥伊克学习了数字“四”的意义、筷子的用法，以及关于中国和中国人的一些令人惊讶的、但又很有意思的事情。

一年后我们全家搬到了上海。虽然我上过中国文化课，但是中国的很多事情仍然让我难以置信。第一件让我难以置信的事就是中国每

年春节都会有上亿人回到自己的家乡。这是世界上规模最大的人口流动。中国每年都会刷新这项纪录。

我父亲是一名建筑师，很喜欢城市规划，所以他经常带我去上海城市规划展示馆。在那里我看到了极为精致的微缩城市模型，也对街区的整齐划一感到佩服。上海交通系统发达，便利，快速，可靠。错综复杂的立交桥和高速公路体系构成了一张多层混凝土结构的网，相互交错。上海分为浦东和浦西两个区域，多个桥梁和隧道连接着这两个地方。上海的地铁系统高效，干净，大多数周末我和朋友都会从我们居住的浦东到浦西开心地享受夜生活。我住在上海的这段时间里，所有的东西都在不断进步。每天出去都能看见新的建设项目。每个项目可能只需要一两个月就可以建成。上海还很年轻，充满活力，也不断吸引着同样年轻有活力的年轻人；同时，政府也非常重视上海丰富的历史积淀，并且致力于保护老城建筑。

在上海的生活给了我很多很好的机会，其中最让我感激的就是能够接触并沉浸在中文的环境中。这让我们每天除了在学校学习普通话以外，生活中也能学习。我掌握的许多中文词语都是从生活中学来的。此外，我还学了一些上海话。沉浸在中文环境中还有助于我理解特殊的中国文化。比如“留面子”，意思是说在社交场合应该维护别人的尊严，保持谦虚的态度，作为回报，他们也会维护你的尊严。

在上海的生活经历让我学到了很多东西。在五年的时间里，我接触到的还仅仅是中国奇迹的皮毛。我建议所有人都去中国看一看，这个与众不同的国家会改变你的生活。

北京出租车的变迁

[日本]国本延爱
"90后"，在华留学生

在北京，乘坐出租车是件非常开心的事情，北京的出租车司机是一道美丽的风景线。对我们这些外国留学生来说，和北京出租车司机聊天儿是了解北京这个古都的好机会。我曾经遇到一位开了30多年出租车的老师傅，滔滔不绝地跟我说起当年的故事：20世纪80年代在北京开租车就像现在会开飞机一样酷，整条胡同儿的孩子看到出租车都会投来新奇、羡慕的目光……我一边和师傅聊天儿，一边回想儿时北京街上的景象……

由于父母工作的关系，我很小的时候就来到中国。除了"皇冠"

出租车，我印象尤为深刻的是黄色的“面的”，那是一种 20 世纪 90 年代兴起的面包车的士。“面的”的整个车身，乃至头顶的车灯都是黄色的，于是人们给它起了个外号——“黄虫”(谐音“蝗虫”)。“黄虫”价格非常亲民，宽大的车体容量很大，既适合载人也适合载物。但是面的的座椅很硬，坐在上面不是很舒服，另外感觉有些颠簸，尤其是这种车没有空调，所以谈不上舒适。尽管如此，在当时算得上“高大上”的“黄虫”很快成为深受北京老百姓欢迎的交通工具。

后来，“黄虫”又有了新的小伙伴，叫作“夏利”。这是一种轿车，整个车身都是红色的，车身不大，像一个个红色的瓢虫。我脑海里，儿时的北京城街道上充满了红色和黄色。

慢慢地，又出现了富康、捷达、红旗等不同的车型，价格也不尽相同。不同的车型满足了人们不同的需求。

除了黄色和红色，在我脑海里留下深刻印象的另一种颜色是蓝色。20 世纪 90 年代的时候，北京还有很多三轮车，与现在的电动三轮车不同，是需要人用脚蹬的。车子上面还有蓝白相间的篷子，晴天收起来可以晒太阳，雨天撑起来可以遮风挡雨。坐在车上可以感觉到骑车的师傅脚上用力的节奏，车的速度不会很快，让你可以享受北京大街小巷的风景。除此之外，还有可以坐十几个乘客的“小公共”，它没有固定的停靠点，随叫随停。还有一种摩托车，发动的时候要拉动车子上的一根绳子，随后就能看到车尾拉出一道黑烟，然后摩托车“嗖”地冲出去，因此得名“一溜烟”。

随着中国经济的发展以及道路交通的规范化，这些形形色色的车辆都先后退出了历史舞台。如果我没有记错的话，黄色的“面的”是在 1999 年消失的，红色的夏利 2006 年也“退休”了，其他的车辆也

“人间蒸发”了。取而代之的是身穿彩衣的出租车，黄红或黄蓝相间，坐在里面非常舒适。随着技术的进步，除了汽油车，还出现了混合动力汽车、纯电动汽车等。马路更宽了，交通规范了，街道变美了。

随着人们环保意识的增强，现在更多的人选择地铁、公共汽车和共享单车等绿色出行方式。人们更加善待环境，这不能不说是一种进步。

这些年，出租车发生了太多的变化，但是，始终没有变的是北京人的热情、北京出租车司机的热情。出租车司机们依旧和多年前一样，操着动听、亲切、带着儿化音的北京话，与你分享着北京的故事。

行走义乌看变化

[韩国] 朴钟渊
韩国仁济大学国际语文学部教授

1986年，我周围的人都认为“在未来，中国会成为世界经济强国，汉语专业的前景会很好”。于是，我选择汉语作为自己的专业。中国有句话：“选你所爱，爱你所选。”从入学第一天起，我就一直对汉语满怀兴趣，用心热爱这个专业。

可是现在，我的学生们则跟我不同，他们不知道毕业以后该从事什么样的工作，甚至不知道自己为什么选择学习汉语，对未来一片迷茫。作为他们的老师，我有责任让他们明白自己所选择的专业的价值，

有责任让他们体会到学习汉语一定有用武之地。于是，我想让他们亲自去中国，近距离感受这个国家的人文气息。

我选择的目的地是中国浙江省的义乌。义乌是世界商贸往来集散地，是世界最大的小商品批发市场，是世界采购商的“淘金天堂”。美国、德国、意大利、韩国及中东、南亚等 100 多个国家和地区的企业或商社，在义乌设立了代表处，世界各国的商人都常年在这里“淘金”。

2004 年的夏天，我带着 40 多名学生第一次来到义乌小商品市场。恰好在同一年，义乌国际商贸城二期开业了，其中有一个独特的“商人部落”——韩国馆。几千位韩国商人聚集在这里，他们经商办厂，把义乌市场看作是走向国际市场的大舞台。大长今的服饰、精致的餐具、韩国特色的电子产品都在义乌国际商贸城一一呈现。

那时候，这 40 多名学生刚刚能开口说几句汉语，对于中国，他们所知甚少，甚至一开始对这次义乌贸易体验活动几乎不感兴趣，心里只想着去中国旅行。

但我坚信，学生们通过这一次贸易体验，一定会发现中国发展的巨大潜力，发现他们自身的未来会与中国发生千丝万缕的联系。

我们的义乌之旅很辛苦，大队人马先从韩国到上海，然后从上海乘坐大巴，大约三四个小时才抵达义乌。一到义乌，我便直接带学生去了义乌福田市场。学生们看到了传说中的世界规模最大的小商品市场，市场上陈列的商品五花八门，琳琅满目，让人应接不暇。学生们在三天两夜的时间里，体验义乌市场，讨价还价，试着购买各种商品，最后一天，他们还把自己购买的商品亲自寄往韩国。从到达义乌的那一刻起，学生们就忙得不亦乐乎，马不停蹄，可是市场太大了，想用

三天的时间看清它的全貌，远远不够。

从那年起，我几乎每年都带学生去义乌市场，每一次都会发现很大的变化。现在，义乌之行已经成为体验中国市场的常规实践活动。2017年，义乌直飞首尔的航班开通了，从韩国去义乌愈发便捷了。

学生们对义乌商人进行了全方位分析，他们总结出了两个特点：一是中国人讲究“天道酬勤”，勤奋就会有收获；二是中国人做生意讲究“见利思义”，即不能光看到眼前的利益，要多想想信义、道德。我们认为，这两个特点应该是义乌成功的重要原因。

最近，我的两个学生从义乌回来之后，决心自主创业——在韩国销售从义乌市场进口的商品。对于这些学生而言，义乌贸易体验正悄悄改变他们的未来。义乌不仅充满了机遇与挑战，也是他们了解中国的窗口。

未来，我将继续带着我的学生，行走义乌看变化。

义乌港
YIWU PORT

中国速度的慢与快

[土耳其] 哈比
"80后"，在华留学生

2016年，我从中国回到土耳其，从安卡拉坐高铁到伊斯坦布尔。当时我兴奋极了，我告诉周围的乘客，这是中国公司在海外建成的第一条高速铁路。

安伊高铁很受欢迎，建成后，从首都安卡拉到伊斯坦布尔之间每天的铁路客流量，从4000人次增加到25000人次以上。2008年，中国第一条具有完全自主知识产权的京津城际铁路通车运营。截至2018年，中国高速铁路里程已经增加到29000公里，占世界高铁的三分之二。中国人还让中国高铁技术走出国门，帮助很多国家建设高铁，比如土耳其。

我父亲 1980 年来过北京，那时，北京满大街都是自行车，仿佛一个自行车王国。父亲说，那时候他从北京到上海，乘坐的是绿皮火车，车厢内没有空调，路上花了二十多个小时。父亲口中的中国，是一个朴素的“慢先生”。2012 年，父亲带着我来到北京，这是我的第一次中国行。我发现满大街都是私家车、出租车和公交车。地铁、高铁、飞机、轮船，还有磁悬浮列车的出现给我们游客提供了很多选择。去年我和父亲从北京到上海乘坐的是高铁“复兴号”，只需要四个多小时即可到达。车厢内干净整洁，让我们的行程成为一种享受。父亲对着我感慨万千，他说：“中国再也不是从前那位‘慢先生’了。”

但是，我发现中国也有“慢”的地方。比如，熊猫被称为“慢半拍”，中国人吃饭时说“请慢用”，送客时说“请慢走”，做事遇到困难时说“慢慢来”，课文中锻炼的场景是慢慢地打太极拳，聚会是慢慢地品茶……这种慢悠悠的生活方式，也是中国式生活的一部分。

我很喜欢这种中国式的生活——快中有慢，慢中有快。中国人打太极拳很慢，打乒乓球很快；中国人写书法很慢，盖高楼很快；中国人喝茶很慢，做生意很快；中国人走路很慢，可是高铁很快。

披着晨曦，走进第一道曙光

[巴拿马] Carlos EAE
中建美国巴拿马分公司律师

我是巴拿马人，巴拿马的热带气候让我从小养成了夜里吹完海风才去睡觉的习惯。晚上 12 点睡觉，早晨 8 点半起床，随便吃点儿东西就去学校上学——这样的生活方式一直伴着我，直到我研究生毕业后回到家乡找工作……

我参加了很多跨国公司的面试，结果，不是人家不要我，就是我不满意人家给的薪水。总之，很长一段时间内，我都没找到称心如意的工作。那段时间，我看到什么都想抱怨，还乱发脾气。正在这个时候，朋友告诉我，中建美国公司要招聘新员工，他已经去参加面试了，

只是因为中文不过关没被录用。他知道我汉语、英语和西班牙语都很好，建议我去面试。我对自己说：学了那么久汉语，又那么痴迷于中国文化，为什么不去试试呢?

面试的那天，是我第一次早起，我披着晨曦，走进清晨第一道曙光，第一次体味了“一日之计在于晨”的美好：鸟儿在树上叽叽喳喳歌唱，树叶随着微风在摇曳起舞。我憧憬着美好的未来，内心有一种从未有过的喜悦和激动！这次的面试非常顺利，我流利的口语表达加上对中国文化发自内心的喜爱让一切非常顺利。中建美国巴拿马分公司很快录取了我，我人生的新征程由此开启。

面试那天那一缕晨曦和清晨的第一道曙光永远写进了我的心里。中国同事的守时，让曾经习惯于迟到的我变得敏捷而高效；他们对工程标准丝毫不差的严谨，让一度马马虎虎的我变得日益细致；他们周末加班加点地工作，带动我也主动加入到加班队伍中。虽然公司里别的巴拿马同事“不差钱”，拒绝加班，但我觉得，周末的时候与中国同事的交流更加充分，工作能力提高得更快。

记得去年临近元旦的那个周末，经理让我们组把近半年内购置材料的费用明细做一个趋势分析图，同时做出下一年度的费用预算。我平时 Excel 用得很熟练，所以大部分图表都是我做，可最终排版、打印出来的效果总不太美观，主要原因是我对中文版的 Excel 掌握得不够熟练。那次加班时，我对中国同事李伟说出了自己的苦恼，他二话没说，就手把手教起了我中文版 Excel 的操作步骤。不到一个小时，整齐美观的图表就打印出来了。好开心啊！这在平时工作日是绝对不可能的，工作日的办公室里人来人往，电话铃声响个不断，大家各忙自己的那份工作，哪有时间顾及其他方面呢?

最让我惊讶的是 2018 年 12 月的中国之旅。我跟随经理去总部参

加为期 3 周的业务培训。抵达中国的那天，宾馆旁边正在修路，那天风很大，行人稀少。第二天晚上下去看时，平整的柏油路面笔直地延伸在我眼前，路上车水马龙。天哪，这不是在做梦吧？在巴拿马，我家旁边的那条路已经修了一年了，至今仍未完工！亲眼见证的中国速度让我更加痴迷于这个神秘的东方大国。

守时守信，相处和谐，质量第一，追求卓越。我现在终于稍微明白了为什么中国在极短的时间里实现了经济的跨越式增长，原来这里的人们都是坚守这样的理念在埋头工作……

我后悔自己对中国了解得太晚，但我很自豪加入中建美国这个团队，脚踏实地、一步一个脚印地为脚下这片生我养我的土地铺路建桥，也为中巴友谊和文化交流铺路搭桥。

每天披着晨曦，走进曙光，这种感觉，妙不可言！

“歪果仁”的春运

[缅甸] 尹生慧
“90 后”，在华留学生

今年寒假，我和同学们都没有着急回国，我们打算近距离体验一把中国的春运。

为此，我们专门研究了春运及其背后的故事。原来，中国的“春运”一词最早出现于 1980 年，至今已经有约 40 年的历史了。春运对于在异乡打拼的人来说，意味着思乡和团圆。中国改革开放后，越来越多的人选择离开家乡，外出工作、求学，但是，无论他们飞得多高，走得多远，总会选择回家过年。每年春节前后，中国的汽车站、火车站、飞机场都人满为患，久而久之，便形成了特殊的春运现象。想象一下，每

年春节前后一个月的时间里，中国会发生30多亿人次的人口流动，该是怎样的运输盛况！汽车、火车、飞机各种交通工具并用，成千上万的中国人都要回家，真的太厉害了！多么可怕又可爱的春运现象啊！“可怕”的是春运运输的人口实在太多了，“可爱”的是中国人春节回家团圆的赤子之心。

我们需要购买从北京到石家庄的火车票，听说，春运时一票难求。从前人们要到火车站的各大购票窗口排队，高峰时甚至可能需要排一天的队，或者不停拨打订票电话，还不一定能够买到。现在不同了，中国是全球“互联网＋”的典范。很多软件都可以购买机票、火车票，还可以预订酒店，非常方便。我们在手机上下载了中国铁路官方购票软件‘铁路12306”，注册之后，就可以在网上购票了，还可以在软件上订餐。以前只听说过《舌尖上的中国》这个优秀的美食节目，这一次我们体验了“舌尖上的高铁”！

在高铁上，给我们印象最深的是一个三口之家。他们一家人热情开朗，有说有笑，与我们分享回家的喜悦。他们说，不管工作有多忙，他们每年春节都会回老家看望父母、亲友。一路上，爸爸摆放行李，妈妈照顾女儿，女儿把好吃的东西塞到爸爸和妈妈的嘴里，还送给我们吃。好幸福啊！这一家人的热情、友善，深深感染了我们。

有趣的是，这些年中国人过春节的方式正在发生变化，春运似乎开始向中国以外的国家和地区发展了，以至于很多国家都有了“中国春节时间”。这是为什么呢？因为在春节期间，越来越多的中国家庭选择出国旅行，他们的足迹遍布世界各地，给全世界的“歪果仁”带来了特殊的“春节时间”。我的祖国缅甸也不例外。我回到缅甸后，全家人去了仰光的华人街过春节。这条街到处张灯结彩，挂着红色的灯笼，贴着吉祥的春联，小吃和饭店也都是中式的。唯一和中国不同的是，我们春节当天不吃肉，只吃素。到了晚上，还有烟花表演。

中国春运，变的是地点，变的是出行方式，不变的是延续千年的亲情与牵挂。

不到长城非好汉

[尼日利亚] 叶文姬
"90后"，在华留学生

[刚果（布）] 任静
"00后"，在华留学生

叶文姬： 几年前，我在尼日利亚孔子学院学习汉语时，我们使用的教材叫《长城汉语》，封面就是一幅长城的图片。《长城汉语》陪着我学习汉语，让我对中国充满了向往。从那时候起，我就希望有一天能学好汉语，到中国去攀登万里长城。

任　静： 我是从长城开始了解中国的。中国有句名言"不到长城非好汉"，没有去过长城的人，就等于没有来过中国。

叶文姬： 哈哈，是的，我已经如愿以偿成为"好汉"了。2016年9月，我来到中国北京。在10月的一个清晨，我和同学们一起坐上了

开往慕田峪长城的巴士。在旅途中，导游告诉我们，慕田峪长城是长城最美的景观之一，他还向我们介绍了长城的一些历史。他告诉我们，当时秦始皇举全国之力修建长城，差不多有30万人投入到了这个巨大的工程之中。

任　静： 的确，难以想象，在那个时代人们是怎么靠着双手将一块一块砖搬上陡峭的山岭，堆砌成屹立千年而不倒的万里长城的。

叶文姬： 长城很长，不愧是“万里长城”！我们走了很长的路，回头一看，眼前的景色令人叹为观止，城墙蜿蜒绵长。我们在路上一边走，一边欣赏沿途的风景。

任　静： 对于中国人来说，长城是意志、勇气和力量的象征。所谓的“好汉”，不仅要登上长城，更要为了实现自己的梦想积极战胜困难。我缺少力量、没有自信的时候，就去爬长城！

叶文姬： 导游说，修筑长城最初是为了军事防御，最早可以上溯到西周时期。春秋战国时期列国争霸，互相防守，修筑长城进入第一个高潮，但那时修筑的长度都比较短。秦灭六国统一天下后，秦始皇连接和修缮了战国时期的长城，人们称之为“万里长城”。明朝是最后一个大修长城的朝代，今天人们所看到的长城多是明代修筑的。我第一次去长城的时候，是北京的秋天，有点儿冷。但是我越往上爬越兴奋，后来都出汗了。任静，你是什么季节去的长城？

任　静： 我第一次登长城是在一个下雪天。那天，寒风卷着雪花，雪中的长城也很美。

叶文姬： 现在长城也有了新的配套旅游设施。爬上去的时候，我们一步一个脚印；下来的时候，我们可以选择坐缆车。

任　静： 有机会我们再去一次长城吧！

逆生长的故宫

［泰国］金雨豪
“90后”，在华留学生

2003年，在泰国清莱，我和大人们一起迷上了一部风靡东南亚的中国电视剧——《还珠格格》。那一年，我六岁。《还珠格格》里的公主们活泼可爱，真诚善良，我和我的小伙伴们一样，都喜欢小燕子和紫薇格格。我们泰国也有一位诗琳通公主，她对中国语言文化很感兴趣，是一位“中国通”。泰国的很多学校都开设了汉语课。

在北京的第一站，我选择了故宫。在电视里，我曾经无数次看到它。终于站在这里的时候，我闭上双眼，回想着我曾经对这里所有的想象和期待，感觉很幸福！这里的每一间房子、每一个瓦片，房间里

的每一件摆设、每一幅字画、每一件衣服都是一段历史，都有一段故事。我在这里慢慢走，慢慢欣赏，想象着《还珠格格》里的皇帝坐在金銮殿龙椅上的威严，猜想着两百多年前小燕子住在故宫的哪一个房间……故宫的建筑很有特点，远远望去金碧辉煌，近距离观察每一个细节都很精美；每一座房屋屋顶的四个角都微微上扬，像鸟儿在展翅高飞，加上灿烂夺目的琉璃瓦，真是无与伦比！故宫后面有一个公园，叫景山公园，曾经是皇帝的御花园。在景山公园，我看到了古老的牌坊、参天的古树、怒放的牡丹。在景山上，可以看到整个紫禁城！很难想象，以前这里只有皇帝才能游玩，而现在我们每个人只要花上几元钱就可以游玩一整天。我看到很多北京本地的爷爷、奶奶在这里跳舞、下棋、拉二胡、唱京剧，真是不亦乐乎！曾经的皇家园林已经全部向普通老百姓开放了。在景山公园，我看到了历史上的北京——厚重、大气、威严，也看到了现代的北京——自由、平等、包容。

这几年，故宫变得越来越年轻，越来越具有科技感，“互联网 + 故宫”受到年轻人的广泛欢迎。从严肃的紫禁城到故宫微信公众号和故宫文创淘宝店铺，故宫博物院以一种时尚的姿态走进人们的生活。我迷上了故宫博物院微信公众号“微故宫”，打开手机就可以了解每一件文物的前世今生，仿佛每一件文物都活在我们身边。故宫文创也给了大家很多惊喜，故宫文创兼具故宫文化底蕴和流行时尚元素，让人们可以把故宫文化带回家。寒假回家之前，我买了很多“奉旨旅行”行李牌和“牌匾”系列冰箱贴，带回泰国，送给我的亲朋好友。改革开放让传统与科技完美结合，600 岁的故宫也因此“萌萌哒”逆生长起来。

“桥”见变化

[印度] 李伟舒
“80 后”，在华留学生

我来中国已经十几年了，我特别喜欢这几句话——

我行过许多地方的桥，

看过许多次数的云，

喝过许多种类的酒，

却只爱过一个正当最好年龄的人。

这是中国现代作家沈从文写的，里面的“桥”“云”“酒”都令人心醉。特别是桥，多么浪漫的建筑，承载着深厚的人文精神。周末的时候，我喜欢去桥上走走。

2001 年我第一次来中国的时候，去石家庄旅游，参观了附近的赵州桥。我知道那是中国著名的古代石拱桥，已有 1400 多年的历史。在漫长的岁月中，她经历了风吹雨打和各种灾害，至今安然无恙。赵州桥凝结着中国人的智慧。

这十几年间，北京的立交桥越来越多。"立交桥"这个名字起得真好，"立交"就是"立体交叉"，建在道路之上立体交叉的桥梁，可容不同去向的车辆同时通行，中国的各种立交桥给我留下了很深的印象。北京是中国立交桥最多的城市，一座座气势恢宏的立交桥屹立在这个城市，充满了现代化气息。

2018 年 10 月 24 日，港珠澳大桥通车，港珠澳大桥全长 55 公里，连接香港、珠海和澳门。港珠澳大桥是世界建筑史上里程最长、投资最多、施工难度最大，也是最长的跨海大桥。

我已经在中国生活了十几年，十几年来，中国的桥梁让我"桥"见变化。

现在中国架起的每一座桥，不仅是跨越江河之桥，更是连接文化、心灵之桥。作为一名外国人，我在中国学习，生活，真真实实感受到了中国桥的变化与影响。

寻旅“中国梦”

[马来西亚]戴小华
华文文学作家

[中国]曹会琼
“80后”，硕士研究生

曹会琼：戴老师，您好！欢迎您再次来到中国。您第一次来中国距今已经有29年了。现在的中国在您的印象中是什么样子的？和以前的中国相比，哪方面的变化让您最有感触？

戴小华：这些年来，中国的经济、政治、文化、科技都有很多变化。现在的中国和以前相比，让我感触最深的是优良的传统文化得到了传承和发展。我为中华民族能拥有这样伟大的文明而骄傲。

曹会琼：戴老师，在您的《戴小华中国行》中，我了解到您曾到过“火洲”吐鲁番。我们都知道吐鲁番既是一个盛产水果的地方，也

是一座历史悠久的名城。您游览吐鲁番时，对这座古城是什么印象？

戴小华：在我的印象中，吐鲁番是南来北往的重要枢纽，地理位置优越。人们在“丝绸之路”上建城生活，古城中的建筑也充分体现了古代劳动者的聪明才智和巨大的创造力。时至今日，我们从古城的遗迹中，依旧能够体会到它当年的气宇轩昂。

曹会琼：我曾拜读过您的大作，里面的内容让我感触颇深。请您谈谈您对“中国梦”的理解以及您的“中国梦”是什么。

戴小华：“中国梦”对于中国人来说是希望国家富强。我的“中国梦”就是去中国看看。我的一部著作《沙城》给我带来了去中国的机缘，让我可以找到我梦中的家园，也就是我的精神家园——中华文化。

曹会琼：您能谈一谈中国近年来令您印象最深的事情吗？

戴小华：近年来令我感触最深的是“一带一路”倡议。因为其中包含了许多中华传统文化内涵和理念，比如“和而不同、共同发展、兼容并包、以和为贵”等。同时，“一带一路”倡议也复兴了古老的“丝绸之路”，扩大了中国的对外开放。在这个时代，只有以开放的胸怀推进合作共赢，与世界各国文明拥抱，才能实现大发展。相信中国在这方面会做得越来越好。

粤港澳大湾区

［匈牙利］丽达
专业演员

中国地域辽阔，景观旅游资源相当丰富，很多地方都充满了浓浓的文化内涵和人文气息。我希望能够走遍中国的山川。

今年我来到中国的南方地区旅行，对粤港澳大湾区的印象尤为深刻。粤港澳大湾区是世界第四大湾区，是由香港、澳门两个特别行政区和广东省广州、深圳、珠海等九个城市组成的。

听说中国将努力把粤港澳大湾区建设成为充满活力的世界级城市群，还要打造成为宜居、宜业、宜游的优质生活圈。

港珠澳大桥的开通成为粤港澳大湾区建设的标志性事件。港珠澳

大桥连接着广东省珠海市、香港大屿山和澳门半岛，通车后，将港珠澳三地的陆地通行时间缩短到了 30 分钟以内。

粤港澳大湾区历史悠久，气候宜人，物产丰富，历史与现代相互辉映，每个城市各具特色又相得益彰。香港被称为“东方明珠”，澳门是一座历史悠久的名城，广东有着舒适宜人的温泉和最美村落，还有深圳的世界主题公园、顺德的美食与肇庆的七星岩。这一切都让我流连忘返。

在旅游中我被粤港澳大湾区的美景和文化深深吸引，相信未来的粤港澳大湾区会吸引全世界人们的目光。

从李小龙到《流浪地球》

［美国］麦克隋
演员、主持人，代表作品《流浪地球》《决战刹马镇》《光棍终结者》等

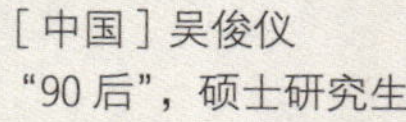
［中国］吴俊仪
“90后”，硕士研究生

吴俊仪：你好，麦克隋！很开心可以见到你，过年的时候看了你出演的《流浪地球》，真的特别棒！

麦克隋：谢谢！非常荣幸可以出演这部电影，通过这部电影，大家看到了我的“中国心”，这是最重要的。

吴俊仪：你的汉语说得特别好，而且对中国也特别了解，大家都说你是“中国通”。你是从小就住在中国吗？还是从小在家里就说汉语呢？

麦克隋： 我出生在美国，父亲是华人，母亲是美国人。7岁的时候，我跟母亲来到北京，才开始学中文。我初中的时候回到美国，但是实在想念中国，想念北京，于是我又回来了。我觉得全世界哪儿都没北京好，我的"根据地"在这里！我有很多中国朋友，我喜欢和他们用中文交流，而且我特别喜欢读金庸的小说，喜欢看中国电影，这些都对我学习中文很有帮助。

吴俊仪： 那你能介绍一些你喜欢的中国电影吗？

麦克隋： 我小时候就知道李小龙，喜欢看李小龙的功夫电影，感觉他特别厉害，把中国功夫传播到了世界各地。中国功夫电影的成功，最重要的原因之一就是它通过功夫传播了中国文化。李小龙已经属于神话一般的存在了。无论你到哪个国家、哪个角落，一说李小龙，人家都会想到中国功夫，一说中国功夫都会想到李小龙。继李小龙之后，成龙的功夫电影也很棒。作为中国功夫电影的代言人，他们向世界展示了中国传统文化中"英雄"的概念，为世界打开了一扇了解中国文化的窗户。

吴俊仪： 李小龙和成龙并称"双龙"，已经成为走向世界的中国符号。最近，《流浪地球》在全球上映，听说在北美也取得了不错的成绩，作为主演之一，你之前预想过会取得这么好的成绩吗？

麦克隋：2019 年 4 月，《流浪地球》在全球总票房收入约 7 亿美元，也成为 2019 年全球第一部票房收入超过 5 亿美元的电影。《流浪地球》在世界各地都得到了很高的评价，我觉得主要有以下几个原因：首先，电影由刘慈欣同名科幻小说改编而成，作品综合了自然灾害、技术进步和人类生存的宇宙困境等宏大的主题，彰显了科学和自然的伟大力量，洋溢着英雄主义的情怀；其次，我们的制作团队非常认真，细心，专业，他们特地写了《流浪地球》的百年编年史，画了几千张图纸，所有的工作人员都特别用心，大家确实是想拍好这部属于中国自己的科幻电影，想让全世界看到中国的科幻思维和科幻力量，所以最后出来的效果也特别好；最后，吴京大哥的友情出演，加上所有演员的同心协力，让这部电影“自带流量”。

吴俊仪：这部电影跟你原来接触的那些中国电影有什么不一样呢？

麦克隋：太不一样了。中国之前的电影大部分是爱情、亲情、警匪或者喜剧类型的，很少涉及这种科幻题材。中国现在经济快速发展，科技越来越发达，越来越多的人有条件也勇于去尝试拍摄不同类型的电影，而且特别用心，这种勇敢尝试加用心最后一定会实现中国电影的突破。

吴俊仪：是的，这部电影确实给很多人带来了希望，让很多人更加坚定了自己的电影梦。

麦克隋：《流浪地球》这部电影只是一个开始，它向世界展示了中国电影的力量，将中国电影推向了世界，相信有一天中国电影一定会得到全世界的称赞。

中国电影博物馆

捷盖"大使"的"粉墨人生"

[喀麦隆]捷盖
中喀文化交流大使、演员

[中国]侯雨晴
"90后"，硕士研究生

侯雨晴： 捷盖老师，您好！从您的官方介绍中得知您可以讲汉语、英语、法语、德语、俄语、意大利语和西班牙语等十多种语言，擅长主持、相声、变脸、京剧、唱歌……而且，您已经在喀麦隆获得数学博士学位，在联合国有稳定的工作。那您是怎么开启中国之旅的呢？

捷　盖： 因为我父亲是个功夫迷，我自幼受我父亲的影响，对中国文化充满好奇和向往。本来我25岁的时候，在喀麦隆电视台主持音乐节目，生活挺稳定的。但是一个中国与喀麦隆政府的奖学金交换生项目激发了我心中深藏的"北京梦"。北京，是中华文化之都，是"最

中国”的城市，所以我义无反顾地来到这里。我在北京的第一站是北京语言大学，从零基础开始学中文；学了一年后到北京航空航天大学攻读计算机专业第二博士学位。我最痴迷的，还是中国语言文化。

侯雨晴：对了，我还看到您在电视上说评书。

捷　盖：中国语言文化太有意思了！如果语言问题不能破解，那就永远与中国文化和我喜爱的京味儿隔着一座山，连日常生活都受到困扰。一次，我在电视上看到加拿大人大山和丁广泉老师的相声表演，我就想：如果我也能像他们一样说出原汁原味的普通话该多好啊！我就下定决心拜丁广泉老师为师，每天练习老师给的绕口的传统段子，才练成了现在这样的水平。

侯雨晴：京剧、变脸都是您的“绝活儿”，从2012年湖南卫视春晚的《粉墨人生》到北京卫视春晚、安徽卫视戏迷春晚，您已经是各大卫视春晚的常客了，早已成为中国曲艺迷们的老朋友。

捷　盖：中国戏曲源远流长，博大精深。虽然我这个老外在名家面前唱戏是班门弄斧，但我对中国戏曲的那份热爱从未改变。下一步，有机会的话，我还想上中央电视台春节联欢晚会表演中国戏曲。

侯雨晴：一定会的，很期待！

捷　盖：外国人要是到中国来，一般第一眼会看到高楼啊，大厦啊，大桥啊……但是我更希望能带他们到一些胡同儿里，去看传统的中国；还希望带他们去北京的长安大戏院，去看戏，去看京剧、黄梅戏、豫剧、越剧等，带他们去看京韵大鼓。

侯雨晴：您为中喀两国文化交流做出了很多贡献。

捷　盖：我希望全世界人民都会越来越默契，因为我们都是地球村里的一家人。

我想上春晚

[日本] 何京盛
"90 后"，在华留学生

从小我就是大家庭里的开心果，经常在家庭聚会上表演节目，慢慢地，我练就了胆大不怯场的性格。从小学到高中，我一直是学校里的"文艺明星"，大大小小的文艺活动总少不了我的身影。八岁的时候，我开始学习中文，和中国有关的一切文艺活动我都很感兴趣。

我知道，在中国，节日里最重要的文艺活动当然是除夕夜的春节联欢晚会，几乎全世界的华人都会围坐在电视机前，与家人一起欣赏这一年一度的文艺盛宴。我还知道，中国的春晚历来都是一个包容的舞台，这里不乏国际面孔与草根明星。

1988年，春晚舞台上第一次出现外国面孔——南斯拉夫的卡罗尔。此后还有加拿大的大山、阿根廷的海勒尔、歌后席琳·迪翁、著名演员苏菲·玛索等，他们的加入为春晚增添了新的元素，注入了新鲜的血液。记得有一个小品叫《同喜同乐》，里面的非洲女孩儿说着流利的中文，展现了中非之间的非凡友谊。还有一首歌曲《我爱你中国》，表演者是国际青年歌唱家团队，来自世界各国的青年歌唱家一起用歌声表达对中国的爱。听着他们高亢激昂的歌声，我不禁热泪盈眶，真希望自己能冲进银屏，与他们一起高歌——要是我可以站上这个舞台，那该多好啊！带着这样的梦想，我努力地学习中文，努力地提升自己的综合素养。我的专业是播音主持艺术——用中文！我的声音曾出现在CCTV-1《机智过人》、CCTV-4《中华情》等节目中，我还担任了2017源中国 汇全球"一带一路"领袖论坛的画外音主持。在日常工作中，我深切体会到了中国的飞速发展，同时，我也很自豪能参与其中，做一位见证者。但我并不满足目前所取得的成绩，我没有停止前进的脚步。我还有一个"上春晚"的梦想，我想登上更大的舞台，把自己的才艺展现给大家。

我有很多兴趣与爱好。我会唱京剧，一曲《新贵妃醉酒》，百转千回，虞姬与霸王的故事，唱了一遍又一遍；我喜欢配音，CCTV很多节目的配音里都有我的声音；我喜欢书法，我写下"东海西海，心理攸同；南学北学，道术未裂"，这十六个字也是我读书治学的理念；我喜欢朗诵，"撑一支长篙，向青草更青处漫溯……"让我有一种腹有诗书气自华的豪迈……

我最喜欢的作家是林海音。我和林海音一样，出生在日本，后来到北京生活。林海音住在北京时，还是一个孩子，所以，她写的北京是一个孩子眼中的北京，她把北京称为"乳娘"。读《城南旧事》时，

我真切地感受到了作者对北京的热爱。我来到北京时，已经成年，漫步在北京胡同儿，听着胡同儿里小孩儿的欢笑声，想到《城南旧事》中的英子，嘴角不由浮起微笑。

“此心安处是吾乡。”转眼间，我来中国已经八年了，不仅学习了知识，还收获了爱情。2018 年，我与一个山西女孩儿喜结良缘，从一名异国学子变成了地道的中国女婿。中国承载了我的诗和远方，给了我追逐梦想的舞台，给了我实现梦想的机会，还给了我一个家。“我们都在努力奔跑，我们都是追梦人。”在追梦路上，我相信，我想上春晚的梦想终有一天会成为现实。

我的“中国梦”、中国家

[泰国] 张玥
“90后”，在华留学生

从小，我在一个充满中国文化气息的泰国家庭中长大。每天听的是爸爸喜欢的《甜蜜蜜》，看的是妈妈超爱的周润发，渐渐地，一个和中国有关的梦在我的心里生根、发芽——好想去中国走一走，看一看。

十九岁那年，我被保送到了清迈大学中文系。我有一种预感：中国就在前方等着我。大学二年级，学校举办中国文化节，我表演中国书法。当时，有很多游客来参观我们的活动。一个友善的中国男孩儿坐在我面前看了很久，虽然他跟我说他不怎么会书法，可他还是给了我鼓励。后来，我们一直通过书信联系。虽然我们离得很远，但是我们的心

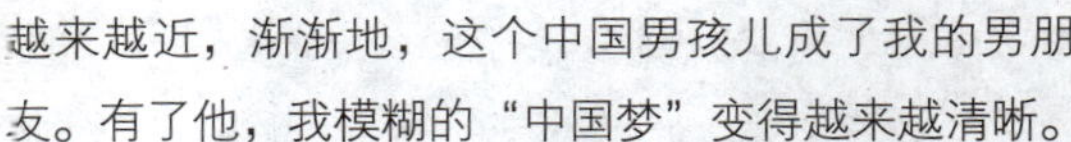

越来越近，渐渐地，这个中国男孩儿成了我的男朋友。有了他，我模糊的“中国梦”变得越来越清晰。

2012 年，我第一次来到了男友的老家——陕西铜川。我至今还记得，他父母一看到我就立马走过来握着我的手，说：“乏不乏？饿不饿？快回屋吃饭！”我当时愣住了，学习汉语这么久了，还真的没听过陕西话。当然了，我一句话都没听明白。那时候，我只能通过微笑表达我对他们的尊重。过了几天，我马马虎虎地学了几句陕西话：“他大舅、他二舅都是他舅，高桌子、低板凳都是木头。”每次说给他们听，他们都哈哈大笑，让我再说几遍；我再说几遍，他们就再哈哈大笑几遍。虽然我那时听不太懂铜川方言，但能根据表情、动作判断个大概，能感觉到他们对我真的特别好。他们还带我去了陕西特有的窑洞，我一边走，一边看，一边欣赏。我想我很幸运，不是每个中国人都亲眼见过窑洞，更何况外国人呢？离开的那一天，他们全家人都来送我，他们还给我包红包，装了很多吃的喝的，害怕我路上饿了渴了。我上了车，眼睛已经湿润了，说不出话，只好用眼泪来告别。回国后，虽然我远在泰国，但是从学校的书法比赛冠军到泰国“汉语桥”比赛亚军，都是他们一直鼓励我、支持我。

现在，我已经在中国传媒大学读传播学博士了，拿到博士研究生录取通知书后，我和我的男朋友结婚了。今年春节我又回到铜川过年，这一次，我深深地感到：这里就是我的家！

我的“中国梦”才刚刚开始。这个梦从一个想踏上中国的愿望开始，再往后十年、二十年、三十年，也许我还会有更多关于中国的梦想，还会有更多美好的故事发生在这个美丽的国家。我的爱人在中国，我的家人在中国，我的孩子也会在中国。中国就是我未来的家，我要带上我的梦想和她一起飞翔。

“中国姚”

［中国］侯雨晴
“90 后”，硕士研究生

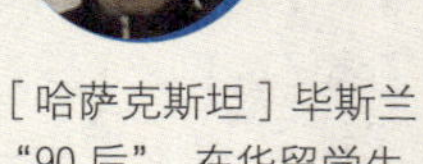
［哈萨克斯坦］毕斯兰
“90 后”，在华留学生

［俄罗斯］丽娜
“90 后”，在华留学生

［韩国］白昌勋
“90 后”，在华留学生

［法国］冰馨
“90 后”，在华留学生

［安哥拉］丽塔
“90 后”，在华留学生

冰　馨：2008 年北京奥运会的时候，我 15 岁，我和家人在电视上看了北京奥运会开幕式。姚明牵着一个小朋友，带领中国体育代表团入场，给我留了很深的印象。我爸爸还问，那个男孩儿是不是姚明的儿子。

丽　娜：那场直播我也看了，我们都觉得那个孩子很幸福，能和姚明一起牵手作为国旗手参加北京奥运会开幕式。

侯雨晴：那个小孩儿是抗震小英雄林浩。中国在 2008 年 5 月 12 日遭遇了汶川地震，在地震发生的那一刻，9 岁的小林浩冲进废墟营救同学，是当时最小的抗震救灾英雄。姚明与林浩一起手拉手担任国旗手。

白昌勋：啊！原来如此！体育健儿牵手小英雄！其实，我是一个篮球迷，我也很喜欢姚明。

毕斯兰：他的球场风格幽默而轻松，性格平易近人，这使他在球迷中间非常受欢迎。“姚明”这个名字已经成了一个中国文化符号，提起他，我们常常说“中国姚”。

丽　塔：他的确很幽默，记得姚明在 2004 年雅典奥运会的开幕式上宣布了一条爆炸性誓言：如果中国国家篮球队打不进四分之一决赛，他将半年不刮胡子。

丽　娜：我知道这件事，后来他刮了胡子，哈哈！

白昌勋：我觉得，姚明代表的是中国人的新形象。传统的中国人勤劳勇敢，团结谦虚，姚明不仅具有中国人的传统品质，还加入了新的特征。他机智幽默，富有创新精神，充满自信！

从销售冠军到创业者

[卢旺达][乌干达]
卢旺达 G-STEP TOURS 旅游公司创办者

2004 年，我进入非洲最大的电信公司工作，负责销售业务。工作四年，其中有三年我都获得了年度“最佳销售员”证书。当时，我销售得最好的就是中国的手机，还有中国的手机电池、手机充电器和手机卡等其他电信商品。很快，我就开了自己的电信专卖店，雇了 13 名员工。中兴手机在我们国家很畅销，乌干达人对中国品牌非常认可，特别喜欢购买中兴电子设备。没多久，我就乘着它的东风，赚得盆满钵满。为了奖励自己，我给自己买了一辆越野汽车。

拥有了这一切以后，我开始向往一些与众不同的东西。为什么中

国的电信业那么发达？中国是一个怎样的神奇国度？2010 年 1 月，我对父母说想去遥远的中国感受一下。幸运的是，他们全力支持我。说走就走，我立即从乌干达启程，登上了去北京的航班，一去就是六年。

2010 年 2 月，我 24 岁，在中国传媒大学开启了我的中国生活，从零开始学习汉语。我在北京的学习和生活非常愉快。除了学习汉语和中国文化，我还受邀学习北京烤鸭的制作，当选为中国北京烤鸭全球推广大使；我还拜了一位魔术大师为师，学习中国的魔术，受邀到中国的各大卫视表演魔术；我获得了本科学位，又继续攻读了汉语国际教育硕士学位。

硕士毕业后，我选择回到我的祖国卢旺达创业。在中国的学习和生活打开了我的视野，卢旺达独特的历史、文化和自然环境为我提供了很好的创业平台。时隔六年，回到祖国，我惊喜地发现，卢旺达与中国的阿里巴巴集团共同建立了非洲首个世界电子贸易平台！马云是我的偶像！我决定开设一家面向中国市场的旅游公司。我的公司 G-STEP TOURS（www.gsteptours.com）顺利成立了，并且很快就走上了平稳的运营轨道。许多中国游客通过我的公司来到卢旺达，我很高兴。我在卢旺达接待了许多中国游客，他们都惊叹于我一口流利的北京话，非常乐意接受我们公司的服务，并且把我介绍给更多希望来卢旺达旅游的中国人。汉语给我插上了梦想的翅膀，让我的创业之路顺风顺水！

2018 年，我的电子商务平台 UMUJYI.COM 被阿里巴巴集团选中，我的团队与卢旺达的企业家团队一起奔赴杭州，在阿里巴巴总部接受了专业培训。很幸运，我得到了马云和他同事的言传身教，我相信，我的事业会由此腾飞。梦想照进现实，我的秘密武器就是汉语与中国！

中国的智能化生活

[喀麦隆] 贾思江
“90后”，在华留学生

2011 年秋天，我突然发现喀麦隆有很多中国人。他们在喀麦隆修铁路，开公司，办工厂，开中餐馆……忙得不亦乐乎。于是，我开始学习汉语，希望有一天能去中国走一走，看一看。

2016 年 9 月，经过 15 个小时的长途飞行，我终于降落在北京首都国际机场。机场太大了！现代化的设计让我惊叹。从机场到学校的那一路，我不停地拍照留念。

很幸运，在中国留学的我，遇上了中国的新时代。强大的网络使人们的生活更加便利。生活在中国新时代的外国人，不用去银行换外

币，一个小小的智能手机就可以搞定一切。在超市购物，只需要向售货员提供手机微信二维码，免去了找零钱的麻烦。坐地铁出行，直接刷手机软件，还能享受优惠。如果想买什么东西，又懒得出去，拿出手机逛一逛“天猫超市”，商品即刻送上门。由于喀麦隆一年四季都是夏天，初到中国北方的我，没有冬装，我想买件外套，怎么办呢？让我感叹的是，打开“淘宝”，输入想要的尺码和款式，我很快就买到了心仪的衣服。想吃饭的话，也不必去餐厅，拿出手机点个外卖，“美团”“饿了么”“百度外卖”，里面的美食应有尽有，外卖小哥给我带来的美食，就像“冬天里的一把火”！我觉得自己真是过上了“衣来伸手，饭来张口”的生活啊！

中国的智能化生活带给我们无限的可能！我和同学们曾经针对在华喀麦隆同胞做过一项访谈，问题是：“离开中国之后，你最想念的是什么？”大家的回答依次是：“淘宝”“饿了么”“百度外卖”。的确，这些手机应用让我们感受到了高速发展的网络给生活带来的便利，感受到了中国新时代的生活！现在的我，不仅已经入乡随俗，而且还乐不思蜀了。我常常在想：什么时候我家乡的人们也能过上舒适、便捷的中国式生活呢？

现在的中国步入了“共享经济”时代，“共享经济”下，我们只花很少的钱，就能共享使用一些生活常用品，如共享单车、共享汽车，甚至在商场里、公园里还出现了共享婴儿车、共享儿童玩具。真是“只有想不到，没有做不到”。其中，共享单车已经成为我们生活在中国的“歪果仁”的标配，我们骑行在中国的大街小巷，触摸历史脉搏，享受现代科技，体验中国新时代。

“中国制造”之我见

［韩国］朱政勋
在华留学生

［伊朗］麦吉德
在华留学生

［日本］谷口路世
在华留学生

［尼日利亚］赵静秀
在华留学生

朱政勋

如今，在世界每个角落都能见到中国的“影子”，尤其是中国制造的产品。韩国从很早以前就一直受到这个庞大邻国的影响。在我小时候，中国产品给我们的印象是：价格低到“想不到”，质量也差到“没想到”。如果买的东西一用就坏，我们不管它产自哪里，都会说：“这肯定是中国产品。”当时“中国制造”成了质量差的代名词。

但是现在呢？情况已经大不相同了。“小米”率先颠覆了韩国人对“中国制造”的印象。从手机到充电宝、无线耳机以及箱包等，它们确实都是性价比很不错的产品，特别受到追求时尚的韩国年轻人的追捧。

越来越多的“中国制造”日益改变着我们对中国的印象。“中国制造”已不再是“便宜货”的代名词了。随着中国经济的飞速发展，这里也将最有希望成为新产品研发、生产的最大基地。我很期待下一步中国将用怎样的“中国制造”让全世界为之瞩目。

麦吉德

一些外国人认为从中国进口的商品价廉物也廉，但我来中国之后发现，产品质量与价格息息相关。比如说在淘宝购物，我搜索要买的东西，会发现有很多商家可以选择，而且价格不一。我试过几次，印证了“一分钱一分货”的道理。要想买到质量好的产品，不能有贪便宜的心理。但即使是淘宝上的“高价”，与我们国家相比，也还是“低价”。

所以我认为中国有各种各样的产品，你可以按照你的需求来选择。并不是说“中国制造”的产品都质量差，只要你愿意花钱，你可以买到质量最好的中国产品。

谷口路世

从前日本人大多觉得虽然中国产品很便宜，但是质量不太好，因此有的日本人不太信任中国制造的产品。可是随着中国的发展，这种

情况发生了很大的变化。

随着中国研发能力的提高，日本从中国引进的产品越来越先进，科技含量也越来越高。而且让我惊喜的是，中国产品的功能特别丰富，也特别强大。在日本，花同样的钱只能买到单一功能的产品，但是在中国，这个产品可能有五种功能。因此我很佩服中国制造商的创造力。

赵静秀

在尼日利亚，中国制造的东西很受欢迎。我们的大城市都有自己的唐人街，如果你要买便宜的东西，最好去那边。可是美中不足的是，大部分商品的质量比较差。但是随着中国经济的发展，“中国制造”也大有改善。中国制造的东西，小到“衣食”中的小商品，大到“住行”中的房屋、汽车、桥梁、铁路，什么都有。在尼日利亚最大的城市拉各斯，轻轨就是“中国制造”，小客车也是“中国制造”。在未来，我希望中国能把这些民族品牌发扬光大，让全世界都对“中国制造”刮目相看。

“中国制造”并不是一个一成不变的标签，这个标签随着中国经济和科技的发展，在经历了量变后，最终会迎来质变，终将从“制造”走向“创造”，再奔向“智造”。

和谐

“看不见，摸不着”

[美国] 安克勤
毕业于美国纽约大学，现从事信息技术工作

什么叫“看不见，摸不着”？我在北京花的第一块钱是为了买一瓶“农夫山泉”矿泉水。微信这一众所周知的应用程序帮我完成了整个交易。在建国门地铁站外，我用手机扫二维码向店主付了钱。但在这个过程中，那一块钱我既没看见，也没摸着。

我曾经在上海学习和工作过一年，许多中国朋友都告诉我中国有了新的支付方式——移动支付。用微信或者支付宝买东西特别方便，快捷，无论你想买水果、衣服还是汽车，都可以在眨眼间轻松完成。和许多美国人一样，我第一次来中国时感到非常惊讶，没想到在世界

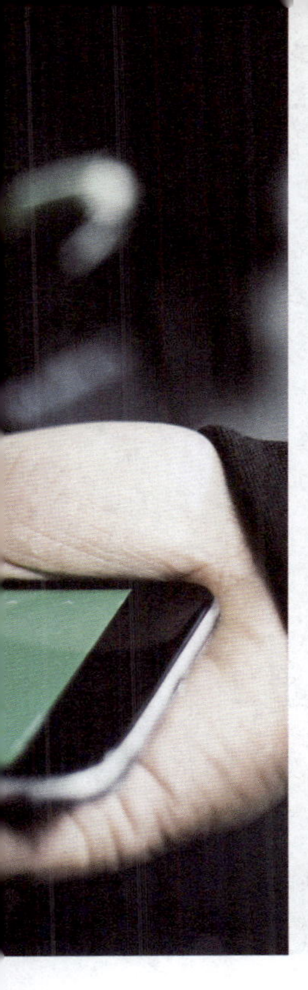

的另一边，移动支付如此便捷。很快，我也开始尝试这种新兴的支付方式，比如购买从上海到澳门的机票、购买自助午餐，都只需要出示一下付款二维码就可以了。

几十年来，全世界的消费方式发生了巨大变化，而同世界其他地方相比，中国在支付方式上的变化尤其令人印象深刻。在过去的70年里，中国在国际舞台上发挥着日益重要的作用，在帮助人民摆脱贫困和扩大中等收入群体方面取得了重大进展。在不到十年的时间里，移动支付在中国迅速发展。2017年微信发布了数据报告，微信平均日登录用户9.02亿。在中国，人们甚至将他们的薪水直接转到微信里。这种支付方式可以购买机票，可以为子女支付学费，甚至还可以用来投资股票交易。有如此大额的消费产生，人们却“看不见，摸不着”，真是令人难以置信。

在美国，无论我是花一块钱买零食，还是花50块钱买一包杂货，收银员都会给我找零钱，有时候还会给我收据。在中国，我很少使用现金，有一次，我和朋友尝试一个月不用现金，结果我们轻松完成了这次挑战。

我很享受网上支付带来的这种“看不见，摸不着”的便利。

上海——希望之城

[荷兰] 范启明
上海丝合文化传播有限公司（Silk Mandarin）创始人

引子

当我受邀写一些关于中国的东西，尤其是那些让我着迷的东西时，我很快就决定写一写上海。作为一名专门从事水资源管理的咨询工程师，我很幸运去过许多国家的许多城市，但是没有一个地方像上海那样给我留下如此深刻的印象。我在上海住了6年了，但是这座城市依然不断给我带来惊喜。上海是新与旧、快与慢、东方与西方的大融合，没有任何一个地方像上海一样如此特别。

2004 年 6 月，当年的上海

2004 年是我第一次来到中国，大部分时间我都在上海度过。

在上海的第一个周末，为了喝上一杯地道的咖啡，我坐地铁 1 号线到了人民广场的星巴克，那是当时为数不多的供应高品质咖啡的地方。但是不久，喝咖啡的问题就解决了，因为我喜欢上了中国茶，茶也是中国送给我的众多礼物之一。

说到上海不得不提外滩。外滩位于黄浦江畔，是一个长达 1.5 公里的滨海步行区。我第一次去外滩是一位建筑师同事带我去的。我看到了对岸高达 468 米的东方明珠塔，在夜空中格外漂亮，它将上海与世界其他地方联系起来；我也看到了高达 420.5 米的金茂大厦，还看到了巨大的起重机、起重滑车、卡车……我预感到一些特别的事情正在发生。

后来我要从虹桥机场坐飞机去北京。对我来说，到达虹桥机场的唯一方式就是搭乘出租车。2004 年上海仅有 3 条地铁线路，长度仅 100 多公里。当时的虹桥机场是一个小型的国内机场，十分陈旧，人满为患。值机大厅特别小，排队的人特别多，我只能拿着护照站在人行道上。看着来来往往拥挤的人群，我估计至少要有两倍大的机场才能满足需求。

除此之外，那次旅行让我永远不会忘记的是我第一次感受到了所谓的“上海嗡嗡声”，它真的存在！上海充满活力，并且影响着你，让你相信一切皆有可能。我决心将来要回到这个神奇的城市，这个充满希望的城市。

2019 年 4 月，如今的上海

我又回到了这个神奇的城市，但是花了一些时间，准确来说差不多是 10 年。2013 年春节后，我终于再次回到上海，我一下飞机就又

感受到了我说过的“上海嗡嗡声”，现在的声音甚至比以前更大。从浦东机场到酒店的路上，我们路过了许多新建筑和新桥梁，上海变得如此不同。接下来的几天，我去了许多新开的购物商场、餐厅、咖啡店、空中酒吧和红酒吧，每一家都那么精致，看得我眼花缭乱。看来上海履行了自己的承诺：这里的发展如此迅速，简直到了令人难以置信的程度。

现在是2019年4月，我在上海住了6年。6年间，上海一直在发展，发生了巨大的改变。

首先，买咖啡不用再坐 1 号线到人民广场。每个街角、每个商场都提供上好的咖啡。说到地铁，上海地铁网的发展令人难以置信。现在上海已经有 16 条线路，轨道长度超过 700 公里，人们可以去任何想去的地方。这是世界上最大的快捷交通系统，如今，它依然在发展。在一个摩天大楼和购物中心密集、日常交通繁忙的城市，用这么快的速度建成这样的地铁网络是一项巨大的技术成就。如果我没算错，每天大约有 100 米地铁建成，并且还是在世界上人口最密集的地区之一，做到这一点，确实非常厉害。

尽管起重机和卡车依然随处可见，建筑工程似乎永远不会停止，但是上海依然设法保持了绿色城市的形象。上海被称为“玉兰之城”，事实也的确如此。其实它也可以被称为“鲜花之城”。上海有许多美丽的公园，里面种满了鲜花，还有绿色的草坪、喷泉和小溪。有的小公园不容易被发现，还有一些大公园不容错过。街道上一年四季都有鲜花，几乎每天都有人给它们浇水，照顾它们。

老虹桥机场早已不复存在，全新的上海虹桥国际机场时尚而便捷。虹桥国际机场开通了飞往日本、韩国等地的国际航班。机场的值机大厅宽敞舒适，人们无须再在人行道上排队值机了。虹桥国际机场与虹桥火车站相连，步行 10 分钟便可达到。地铁 2 号线、10 号线直达虹桥国际机场，为人们往返机场提供了更多选择。

谈到公共交通，现在上海和大多数大城市，甚至香港之间都通了高铁。每隔 10 到 15 分钟就有一趟开往北京的列车，路上只需要四五个小时。最棒的地方在于它们运行准时，而欧洲则不一定如此。

我还要谈一下上海公共交通的另一个有趣的地方——共享单车。在共享单车应用软件上注册之后，每次出行你只需扫一下车上的二维码就可以把车骑走了，关锁后软件自动扣费，超级方便。到目前为止，上海是世界上最大的共享单车城市。但是更重要的是，我觉得它改变了这座城市的面貌。以前，上海到处都是飞驰的摩托车，现在人们都爱上了骑自行车，这使得这座城市也变得生动起来。如今全世界有 100 多个城市有共享单车，而上海正是摩拜单车的发源地。

现在的外滩呈现出迷人的景象，特别是在日落时，华灯初上，景色迷人。家人或朋友来看我时，我经常做的第一件事就是带他们到外滩。他们无一例外地觉得外滩令人惊叹，认为这里有着他们一生中见过的最美的天际线。除了东方明珠塔和金茂大厦外，还有上海环球金融中心（492 米）和上海中心大厦（632 米）。坐在外滩的天空酒吧，喝着饮料，看着船只经过，凝视着迷人的天际线，是我最喜欢的夜间消遣。

最后，不得不说一下微信——它是我再次回到上海后对我影响最大的东西。现在，我用微信来社交、支付，在任何地方（比如出租车、餐馆、商店，甚至街边小摊儿）消费，只要我扫描微信收款二维码，不用现金或信用卡也一样可以轻松完成支付。

这些只是多年来我在上海看到的惊人变化的一部分。当然未来还将会有更多改变。毫无疑问，在未来，上海将成为一个更有趣、更让人愉快的居住地。欢迎大家都来上海看看！

编者简介

主　编　姜丽萍

副主编　乐　琦

策　划　姜丽萍　孙　旭　谭春健　乐　琦

指导教师（按姓氏音序排列）

高　晨　公丽雯　韩　明　何宇虹　姜丽萍　李俊芬

李卫英　庞晨光　阮吕娜　宋春香　乐　琦

姜丽萍

北京语言大学汉语国际教育研究院副院长，教授，博士生导师。参与策划并主编大型多媒体系列文化项目产品《你好，中国》；曾担任中国中央电视台《汉语 400 句》主讲教师；主编孔子学院总部 / 国家汉办授权或规划教材多部；主持的项目获北京市高等教育教学成果二等奖；赴美国、日本、泰国、古巴、荷兰等多个国家任教，进行学术交流和培训；担任四种期刊的编委。

乐　琦

中国传媒大学汉语国际教育中心副主任，副教授，硕士生导师。中国中央电视台 CCTV-4《快乐汉语》节目策划、传道导师；获中国人民对外友好协会最佳指导教师奖、北京高校青年教师教学基本功比赛三等奖；曾主持国家社科基金项目、省部级项目；担任多部国际汉语教材的副主编。

孙　旭

曾在北京电视台供职 22 年，现任美国双语教学与研究中心主任；美国国际艾美奖委员兼评委，北京大学视听传播研究中心创始人之一。参与过联合国世界妇女大会、伦敦奥运会等大型国际事件的报道；为中国中央电视台策划并制作了 80 集大型汉语教学节目《汉语 400 句》和 300 集英语武术教学节目《中华武艺》等；用 10 年时间策划并制作了 140 集大型纪录片《留学生》。

谭春健

北京语言大学汉语速成学院副教授，硕士生导师。主编或编著多部汉语教材、教辅图书和工具书；曾获北京市高等教育教学成果一等奖和高等教育国家级教学成果二等奖；赴韩国、印度尼西亚、美国、新加坡等国任教，讲学或进行学术交流。

高　晨

美国纽约大学东亚系高级讲师。

公丽雯

上海丝合文化传播有限公司（Silk Mandarin）创始人，汉语教师。

韩　明

广西师范大学文学院 / 新闻与传播学院教授。

何宇虹

广西师范大学文学院 / 新闻与传播学院讲师。

李俊芬

邢台职业技术学院教授，世界汉语教学学会会员，河北省高等学校外语教学研究会常务理事，邢台市欧美同学会理事。

李卫英

首都师范大学国际文化学院讲师。

庞晨光

西安外国语大学中国语言文学学院副院长，讲师。

阮吕娜

北京化工大学国际教育学院国际汉语教育中心主任，副教授。

宋春香

中国政法大学国际教育学院副教授。

图书在版编目（CIP）数据

衣食住行在中国 / 姜丽萍主编 . -- 北京 ：北京语言大学出版社，2019.12
ISBN 978-7-5619-5585-7

Ⅰ. ①衣… Ⅱ. ①姜… Ⅲ. ①社会生活－概况－中国－现代 Ⅳ. ① D669

中国版本图书馆 CIP 数据核字（2019）第 270808 号

衣食住行在中国
YI SHI ZHU XING ZAI ZHONGGUO

项目负责：张维嘉
责任编辑：张维嘉
责任印制：武晓东
排版制作：北京创艺涵文化发展有限公司
图片供稿：视觉中国
封面制作：李　越

出版发行：北京语言大学出版社
社　　址：北京市海淀区学院路 15 号，100083
网　　址：www.blcup.com
电子信箱：service@blcup.com
电　　话：编辑部　8610-82303647/3592/3395
国内发行　8610-82303650/3591/3648
海外发行　8610-82303365/3080/3668
北语书店　8610-82303653
网购咨询　8610-82303908
印　　刷：北京博海升彩色印刷有限公司

版　　次：2019 年 12 月第 1 版　　印　　次：2019 年 12 月第 1 次印刷
开　　本：889 毫米 × 1194 毫米　1/32　　印　　张：3.25
字　　数：63 千字　　定　　价：58.00 元

PRINTED IN CHINA